AF335786

CATALOGUE

D'UNE JOLIE COLLECTION DE

LETTRES AUTOGRAPHES

PROVENANT D'UN CABINET CONNU

DONT LA VENTE AURA LIEU

RUE DES BONS-ENFANTS, 28,

Salle n° 4, au rez-de-chaussée ;

le lundi 6 février 1860 et jours suivants

à sept heures du soir,

Par le ministère de M⁰ HAYAUX DU TILLY, Commissaire-Priseur, rue Neuve-des-Mathurins, 18,

assisté de M. CHARAVAY.

PARIS

CHARAVAY, LIBRAIRE,

EXPERT EN AUTOGRAPHES,

rue des Saints-Pères, 18 (ci-devant rue de Seine, 51).

1860.

ORDRE DES VACATIONS.

Première vacation, lundi, 6 février 1860,

de 1 à 170.

Deuxième vacation, mardi, 7 février,

de 171 à 350.

Troisième vacation, mercredi, 8 février,

de 351 à la fin.

AVIS.

Il y aura chaque jour de vente, de une heure à trois heures, exposition des autographes qui seront vendus le soir.

On aura huit jours pour la vérification des pièces; passé ce délai, aucune réclamation ne sera admise.

A la fin de la dernière vacation, il sera vendu une quinzaine de lots d'autographes.

Les acquéreurs paieront 5 p. 100 en sus du prix d'adjudication.

M. CHARAVAY, chargé de la vente, remplira les commissions qu'on voudra bien lui confier.

STRASBOURG, IMPRIMERIE DE G. SILBERMANN.

CATALOGUE

DE

LETTRES AUTOGRAPHES.

1. **ABRANTÈS** (la duchesse d'), auteur de *Mémoires*.
   1° 2 l. aut. sig. 3 p. in-8. 2° 7 l. aut.

2. **ACADÉMIE FRANÇAISE.** Quatre lettres aut. sig.
   Biot. 1 p. in-8. — Cousin. 1 p. in-8. — Flourens. 1 p.
   in-8. — Sandeau (Jules). 1 p. in-8.

3. **ACADÉMIE FRANÇAISE.** Six lettres aut. sig.
   Bausset (le c⁴ de). 1 p. in-4. — Dacier. 1 p. in-4. —
   Lally Tolendal. 1824. 2 p. in-4. — Lebrun (le prince). 2
   lettres. 2 p. in-fol. — Sicard (l'abbé), 1 p. in-8.

4. **ACTEURS.** Dix lettres aut. sig.
   Arnal. 1 p. in-8. — Beauvallet. 1 p. 1/2 in-8. — Du-
   prez. 2 p. in-8. — Hyacinthe. 1 p. in-8. — Lafon. 2 p.
   in-8. — Ligier. 1 p. in-8. — Ravel. 1 p. in-8. — Regnier.
   2 p. in-8. — Roger. 1 p. in-8, etc.

5. **ACTRICES.** Sept lettres aut. sig.
   Dorval (Marie). 1 p. in-4. — George (Mlle). 1 p. 1/2
   in-4. — Ozi (Alice). 2 p. in-8. — Viardot (Mme). 1 p. in-8.
   — Vertpré (Jenny). 1 p. in-8. — Volnys (Mme). 1 p.
   in-8, etc.

6. **AFFRE** (Denis), archevêque de Paris, victime de son dévouement, dans les journées de juin 1848.
   Deux l. sig. 1845, 1852. 3 p. in-4.

7. **ALBÉRONI** (Jules), cardinal, et premier ministre du roi
   d'Espagne.
   Pièce aut. sig. 1719. 3/4 de p. in-4.

8. **ALBONI** (Mme M.), célèbre cantatrice.
   L. aut. sig. Lyon 1850. 1 p. in-8.

9. **ALBRET** (Phébus d'), maréchal de France.
   L. aut. sig. au c^te de Guiche. 1 p. pl. in-4. Cachets et
   soies. Légère déchirure en tête, n'atteignant pas le texte.

10. **ALEMBERT** (Jean-Lerond d'), géomètre, de l'Académie
    française.
    L. aut. sig. *s d.* 1 p. in-4.

11. **ALLEMAND** (le comte), vice amiral.
    1° L. aut. sig. 4 janvier 1814. 1 p. in-fol. Relative à la
    mission que lui avait confiée l'Empereur pour la défense de
    Flessingue. 2° Copie aut. sig. de sa lettre à l'Empereur
    sur le même sujet. 1/2 p. in-4.

12. AMAR, député de l'Isère à la Convention.
Arrêté aut. sig. du Comité de sûreté générale portant ordre d'arrestation, aussi signé par *Elie Lacoste, Voulland, Dubarran, Vadier, Jagot* et *Louis du Bas-Rhin*, 6 messidor an II. 4 p. in-4. Cachet et tête imprimée.

13. AMBOISE (Charles d'), maréchal et amiral de France.
Pièce sig. sur vélin, 14 novembre 1510, in-fol. oblong.

14. AMIRAUX. Douze lettres aut. sig.
BAUDIN (Ch.). 4 p. in-4. — BEDOUT. 2 p. in-4. — COURAND. 4 p. in-fol. — DEMANOIR. 4 p. in-4. — DUPERRÉ. 4 p. in-fol. — HALGAN. 2 p. in-4. — HAMELIN. 4 p. in-fol. — JACOB. 4 p. in-fol. — LINOIS. 3/4 de p. in-fol. — LELARGE. 4 p. in-fol. — LACROSSE. 4 p. in-fol. — MACKAU. 2 p. in-4.

15. AMIRAUX. Dix-huit lettres aut. sig.
BEDOUT. 2 p. in-fol. — COSMAO. 4 p. in-8. — DEMANOIR. 2 p. in-4. — DUPERRÉ. 3 lettres. — HAMELIN. 2 lettres, — HERNOUX. 4 p. in-4. — HALGAN. 2 lettres. — JACOB. 2 lettres. — LACROSSE. 4 p. 3/4 in-fol. MACKAU. 2 lettres. — ROSAMEL. 4 p. in-4. — ROUSSIN. 4 p. 1/2 in-fol. — SIDNEY-SMITH. 4 p. in-4.

16. ANCILLON (J. P. Fréd.), célèbre professeur et historien.
L. aut. sig. à Mme de Staël. 4 p. 1/2 in-8. Jolie lettre.

17. ANDRYANE, compagnon d'infortune de Silvio Pellico, auteur de *Mémoires*.
L. aut. sig. Paris 1848. 4 p. in-8.

18. ANGOULÊME (Louis-Antoine, duc d'), grand-amiral et général en chef.
L. aut. sig. 1821. 3/4 de p. in-8.

19. ANNE D'AUTRICHE, reine de France.
L. aut. sig. en espagnol, 1639. 4 p. in-fol.

20. ANQUETIL (Louis-Pierre), historien.
1° L. aut. sig. au grand-chancelier, an XIII. 4 p. pl. in-4. Relative à son *Histoire de France*, qu'il va livrer à l'impression. Demande de conseils pour l'épître dédicatoire. 2° Discours préliminaire adressé aux jeunes républicains, pièce non aut. avec quelques ratures et corrections. 5 p. 1/2 in-fol.

21. ANTRAIGUES (Em¹ Louis H. de LAUNEY, comte d'), député à l'Assemblée constituante, auteur de divers ouvrages.
L. aut. sig. *L. D.* à Mme de Saint-Huberti, La Bastide. 11 septembre 1785. 3 p. pl. in-4. Cachet. Très-jolie lettre.

22. ARAGO (F.), astronome, membre du gouvernement provisoire de 1848.
L. aut. sig. à M. Bréguet. 1833. 2 p. in-4.

23. ARCHITECTES. Dix-huit lettres aut. sig.
BALTARD père, DURAN, FONTAINE, HITORFF, LE BAS, LE FUEL, PEYRE, VAUDOYER, VISCONTI, VIOLLET-LE-DUC, etc.

24. ARMÉE CATHOLIQUE ET ROYALE DE NORMANDIE.
L. aut. sig. *Louis de Frotté*, général en chef, et aussi sig.

par *Achard des Hautes Noes, le comte de Medaci*, etc.; au quartier général, 15 avril 1796. 2 p. in-4.
Demande d'une somme de 200 louis, nécessaire aux frais de la guerre.

25. ARNAULD (Henri), évêque d'Angers, ambassadeur à Rome, fils d'Antoine Arnauld.
L. aut. sig.; Valentana 1646. 1 p. in-4. Une légère déchirure dans l'angle gauche inférieur.

26. ASTRONOMES. Quatre lettres aut. sig.
Biot. 2 lettres. — Delambre, Rochon. Pièce aut. sig. An V. 3/4 de p. in-4. — Lalande. Bourg 1756. 1 p. in-4.

27. AUGUSTE III (Frédéric), roi de Pologne.
L. sig. au chevalier de Lescheraine. Varsovie 1746. 1 p. in-4.

28. AUMONT (Antoine de Rochebaron, duc d'), maréchal de France.
L. aut. sig. Paris, 8 janvier 1676. 1 p. in-4, fragment de cachet.
Relative au jardin de son hôtel à Paris.

29. AUTEURS DRAMATIQUES, membres de l'Académie française. Trois lettres aut. sig.
Ponsard. 1 p. in-8. — Scribe. 1 p. in-8. — Vigny (Alf. de). 1 p. 1/4 in-8.

30. AUTEURS DRAMATIQUES, membres de l'Académie française. Huit lettres aut. sig.
Aignan. 1 p. in-fol. — Andrieux. 1 p. in-8. — Arnault. 1 p. in-4. — Auger. 2 p. in-8 — Duval (Alex.). 3/4 de p. in-4. Étienne. 1 p. in-4. — Laya. 1 p. 3/4 in-4.

31. AUTEURS DRAMATIQUES, membres de l'Académie française. Huit lettres aut. sig.
Ancelot. 1 p. in-4. — Briffaut. 2 lettres. — Guiraud. 1 p. in-8. — Lemercier. 2 p. 1/4 in-8. — Picard. 3/4 de p. in-8. — Roger. 1/2 p. in-8.

32. AUTEURS DRAMATIQUES. Treize lettres aut. sig.
Arago (Jacques). 3/4 de p. in-4. — Bouilly. 1 p. in-4. — Carmouche. 2 p. in-12. — Fonvielle (le chr de). 1 p. in-fol. — La Ville. 3/4 de p. in-4. — Palissot. An V. 1/2 p. in-4. — Planard. 3/4 de p. in-8, etc.

33. BALZAC (H. de), célèbre romancier.
L. aut. sig. 1 p. 1/4 in-8.

34. BARERE (Bertrand), membre de la Convention nationale.
Ampliation d'un arrêté aut. sig. du Comité de salut public, portant que l'armée navale de la République qui est dans le port de Brest ne pourra mettre à la voile que d'après un ordre du Comité. Cet arrêté est aussi sig. C. A. Prieur, Carnot et Billaud-Varenne. 8 messidor an II. 1 p. in-fol. Tête imprimée et vignette.

35. BARTHÉLEMY, de l'Académie française, auteur du *Voyage d'Anacharsis*.
1° L. aut. sig. 1 p. in-8. Cette lettre est déparée par un griffonnage d'enfant, qui se trouve au verso. 2° *Chapitre XLII, p. 408, sur la manière dont les Spartiates traitaient les Ilotes*, pièce aut. 3 p. 1/2 in-fol. C'est sans doute un chapitre du manuscrit primitif du *Voyage d'Anacharsis*.

36. **BAUDIN** (Charles), amiral.
L. aut. sig. à Bréguet. Ile d'Aix, 10 septembre 1815. 5 p. 1/2 in-4.
Toute relative à des observations chronométriques.

37. **BEAUFORT** (F^{ois} de Vendôme, duc de), amiral de France.
L. sig. Toulon. 19 janvier 1666. 2 p. in-4.

38. **BEAUHARNAIS** (Eugène), vice-roi d'Italie.
L. aut. sig. à sa sœur. 27 janvier 1824. 2 p. 3/4 in-8.

39. **BEAUMARCHAIS** (Caron de), auteur dramatique.
L. aut. sig. à la 3e personne, à Belanger, 7 mars 1777. 1 p. in-8.

40. **BELJIOJOSO** (Christine, princesse de), célèbre patriote italienne.
1° L. aut. incomplète. 3 octobre 1848. 4 p. in-8. Très-curieuse pièce, sur l'état des partis en France, et la triste situation où se trouve l'Italie. 2° L. aut. sig. 4 p. in-8. 3° L. aut. à M. Victor de Laprade. Rome, 1er juin 1849. 4 p. in-4.
Lettre historique d'un haut intérêt, dans laquelle elle raconte toutes les péripéties de la défense de Rome contre les troupes françaises.

41. **BELLOY** (P. Laurent Buirette de), poëte dramatique, de l'Académie française.
Pièce sig. avec deux mots aut. Cession de sa pièce le *Siège de Calais*. Paris 1765. 1 p. in-4.

42. **BÉRANGER** (P. Jean de), célèbre chansonnier.
L. aut. sig. à Dupont (de l'Eure.) Paris, 18 mars 1833. 2 p. 1/2 in-4.
Très-curieuse lettre relative à une souscription dont le produit sera consacré à l'acquisition de l'hôtel de Laffitte, pour lui en laisser la jouissance... «Je doute que Laffitte sauve rien de son naufrage, je compte peu sur notre souscription, les richards ne voudront pas y prendre part, mais enfin ne fissions-nous que 150,000 fr., cela nous servirait à assurer à ce malheureux homme un cens d'éligibilité, si sa fortune doit être complètement engloutie...»

43. **BERNIS** (le cardinal de), poëte, de l'Académie française.
L. aut. sig. Rome 1791. 1 p. 1/2 in-4.

44. **BERNOUILLY** (Daniel), mathématicien.
L. aut. sig. à M. de Mairan. Bâle 1734. 2 p. in-8.

45. **BERTRAND MOLLEVILLE** (le marquis de), ministre de la marine et historien.
1° L. aut. sig. 27 janvier 1815. 1 p. in-8. 2° Lettre sig. avec un post-scriptum de 10 lignes. 1 p. in-fol.

46. **BERWICK** (Jacques de F^{ITZ} J^{AMES}, duc de), maréchal de France.
1° L. aut., sig. Fitz James, 12 juillet 1713. 1 p. pl. in-4, jolie lettre. 2° Notes aut. 4 p. pl. in-4.

47. **BIBLIOGRAPHES ET BIBLIOPHILES.** Seize lettres aut. sig.
Barbier, *Breghot du Lut*, *Champollion Figeac*, *Reiffenberg*, *Soleinne* (de), *Spencer-Smith*, *Van Praet*, etc.

48. **BLANQUET DU CAYLA**, vice-amiral, né dans le Gévaudan.
L. aut. sig. à Monseigneur...; Versailles, an XIII. 2 p. pl. in-4.

49. BLOSSEVILLE (Jules de), capitaine de vaisseau et voyageur, qui périt dans un naufrage.

> L. aut. sig. à l'amiral...; Paris 1832. 2 p. pl. in-4.
>
> Il demande une autorisation pour étudier pratiquement les procédés de la navigation au milieu des glaces.

50. BOILEAU DESPRÉAUX (Nicolas), célèbre poëte satirique, de l'Académie française.

> A Mme *la présidente de la Moignon*; remerciments en vers pour l'envoi du portrait de Bourdaloue. 3/4 de p. in-8. Jolie pièce.

51. BOMPART (J. B. F.), vice-amiral, né à Lorient.

> L. aut. sig.; Bagnols, 9 septembre 1814. 1 p. 3/4 in-fol.
>
> Il demande la croix de Saint-Louis, et donne l'état de ses services.

52. BONALD (le vicomte de), publiciste et député.

> 1° L. aut. sig. 1826. 1 p. in-4. Jolie lettre. 2° *Amnistie*, article aut. 8 p. in-4 à mi-page.

53. BONAPARTE, général commandant en chef l'artillerie de l'armée d'Italie.

> L. sig. *Buonaparte*, à l'amiral Martin. Antibes, an III. 3/4 de p. in-fol. Vignette et tête imprimées.

54. BONAPARTE, premier consul de la République.

> Sa signature au bas d'une lettre à lui adressée par le capitaine de frégate *Poulain*. An VIII. 1 p. in-fol.

55. BONAPARTE (Joseph), roi de Naples et d'Espagne.

> L. aut. sig. à son frère. Londres, 22 mai 1837. 1 p. in-8.

56. LE MÊME.

> L. aut. sig. au même. Londres, 10 février 1837. 2 p. 3/4 in-8. Curieuse.

57. BONAPARTE (Lucien), prince de Canino, ministre, sénateur, etc.

> L. aut. sig. à son frère. Londres, 25 mai 1838. 1 p. pl. in-4. Cachet. Très-jolie lettre.

58. BOSIO, célèbre sculpteur, membre de l'Institut.

> 1° L. aut. sig. au préfet du Rhône. Paris, 5 septembre 1819. 3 p. 1/2 in-fol. 2° L. sig. Paris, 29 juin 1820. 3 p. in-4. Ces deux pièces, très-intéressantes, sont relatives à l'exécution de la statue de Louis XIV, à Lyon.

59. BOSSUET (Jacques-Bénigne), évêque de Meaux.

> L. aut. sig. à Mme d'Albert de Luynes; à Meaux, 25 septembre 1695. 1 p. 1/2 in-8. Belle lettre.

60. BOTANISTES. Cinq lettres aut. sig.

> DESFONTAINES. 1 p. 3/4 in-4. — GUÉRIN MENNEVILLE. 2 p. in-fol. — JUSSIEU (Laurent de). An VII. 1 p. in-4. — LAMOUROUX. 1 p. 1/2 in-4. — THOUIN. 1 p. 1/2 in-4.

61. BOUFFLERS (L. F. duc de), maréchal de France.

> 1° L. aut. sig. (à d'Hozier). Paris, 8 octobre 1695. 1 p. in-8. Relative à sa généalogie. 2° L. aut. sig. dont les 8 premières lignes seulement ne sont pas de sa main. Lille, 10 mai 1692. 2 p. in-4.
>
> Il se rend à Valenciennes, et il désire que Mlle Cardon, demoiselle de la duchesse d'Havré, vienne l'y rejoindre. « Je vous conjure de ne parler à personne de ce que je vous mande à l'égard de cette demoiselle. »

62. BOUGAINVILLE (L. Ant. de), célèbre navigateur.

L. aut. sig. au général...; Paris, 25 mars 1809. 2 p.
1/2 in-4.

Demande d'un commandement pour son fils.

63. BOUILLON (Henri de Latour d'Auvergne, duc de),
maréchal de France.

1° Ordonnance sig. pour le paiement d'un ministre du
saint Évangile à Sédan. Sédan, 26 juin 1622. 3/4 de p.
in-fol. 2° L. aut. 4 p. 1/2 in-fol. Belle pièce, dans laquelle il
se plaint du peu de cas que le roi fait de ses avis sur les af-
faires de l'État.

64. BOURGOING (Mlle), célèbre tragédienne.

L. aut. sig. à M. Duhamel. 1826. 1 p. 1/2 in-4.

65. BROGLIE (F^ois M^ie, duc de), maréchal de France, gouverneur de Strasbourg.

L. aut. sig. Crémone, 6 décembre. 3 p. 1/2 in-4. Jolie
lettre.

66. BROUGHAM (lord Henri), écrivain et célèbre homme
d'état anglais.

L. aut. sig. en français. Cannes 1835. 4 p. pl. in-8.

Il demande le *Procès de Galilée*, pour vérifier si ce grand homme avait
effectivement subi la torture, comme le prétend M. Libri, dans son
Histoire des sciences mathématiques. «Je suis intimement convaincu
que cette opinion est fausse.»

67. BRUEYS (F. Paul, comte de), vice-amiral, né à Uzès,
mort au combat naval d'Aboukir.

L. aut. sig. *le ch^er de Brués*. Toulon, 7 septembre 1775.
3/4 de p. in-4.

68. BRUIX (E.), amiral et ministre.

L. aut. sig. au citoyen Forfait. Bordeaux, an IX. 2 p. 3/4
in-fol. Vignette et tête imprimées.

Pressante recommandation en faveur du capitaine Bedout.

69. BRUNEL (Marc Isambert), célèbre ingénieur, construc-
teur du tunnel sous la Tamise.

Trois l. aut. sig. à M. Bréguet. Londres 1819, 1820 et 1822.
7 p. in-4. Ce lot pourra être divisé.

70. BRUNNOW (le baron de), célèbre diplomate russe.

Certificat aut. sig. Londres 1853. 1 p. in-fol. Cachet

71. BUGEAUD, duc d'Isly, maréchal de France.

L. aut. sig. à un rédacteur de *la Presse*. Alger, 10 décembre 1841. 11 p. 1/2 in-4.

Pièce d'un grand intérêt, dans laquelle il expose son système pour le
gouvernement de l'Algérie. Il se prononce énergiquement contre le
projet d'étendre sur tout le pays l'influence de l'administration civile.
À aucun prix il ne veut entendre parler de retraite derrière l'*obstacle
continu* qu'on lui fait construire. C'est aux dépens de sa gloire qu'il a
conclu le traité de 1837 (celui de la Tafna), et il n'est pas disposé à re-
commencer. Selon lui, du reste, la paix serait une grande faute aujour-
d'hui. «Il est évident qu'on soupçonne que certains officiers généraux
et supérieurs voudraient éterniser la guerre pour faire leur avancement; il paraît même qu'on m'enveloppe dans le soupçon... J'ai ré-
pondu comme je le devais.» Il prie de communiquer sa lettre à
MM. Blanqui et Émile de Girardin, et se plaint de ce que *la Presse* parle
à peine de ses succès sur les Arabes. Il va répondre à une longue lettre
de M. de Corcelles, qui le presse de donner des garanties municipales
aux colons. «Hélas! il me serait aisé de lui prouver qu'on est plus libre
à Alger qu'à Paris.»

72. LE MÊME.

L. aut. sig. au général Gemeau. Grenoble, 22 mars 1849.
2 p. in-4.
Très-jolie lettre, dans laquelle il se félicite de l'esprit de la population de Grenoble, qui est en général excellent.

73. **CABRERA**, fameux général de don Carlos.
L. aut. sig. Lyon 1844. 1 p. in-4. Cachet.

74. **CAMBRONNE** (le baron), général de la garde impériale à Waterloo.
L. aut. sig. 1818. 1 p. in-4.

75. **LE MÊME.**
L. aut. sig. 1820. 1 p. 1/4 in-8.

76. **LE MÊME.**
L. aut. sig. 1816. 1 p. in-4.

77. **CANTU** (César), historien italien.
L. aut. sig. à M. Renée. Milan 1853. 3 p. pl. in-4. Lettre fort intéressante.

78. **LE MÊME.**
Deux L. aut. sig. au même, 1853. 2 p. in-8. Plus 7 p. aut. de notes sur sa grande histoire.

79. **CARDINAUX, ARCHEVÊQUES ET ÉVÊQUES.**
Astros (d'). 1 p. 1/2 in-4. — Belmas. 1815. 3 p. in-4. — Bonald (cardinal). 3 lettres. — Juigné. 1 p. 3/4 in-4, etc. Neuf lettres aut. sig. et 6 lettres sig.

80. **CASABIANCA** (Lucien), capitaine de vaisseau, conventionnel, tué au combat d'Aboukir.
L. aut. sig. au ministre de la marine. Paris, an IV. 1 p. in-4.

81. **CATHERINE DE MÉDICIS**, reine de France.
L. sig. à M. de Rambouillet. 6 mai 1569. 1/2 p. in-fol.

82. **CATINAT** (Nicolas), maréchal de France.
1° L. aut. au camp de Fenestrelle. 8 septembre 1693. 1 p. pl. in-4. 2° L. sig. à M. de Feuquières. Briançon 1694. 3 p. pl. in-4.

83. **CAYLA** (la comtesse du), amie de Louis XVIII.
L. aut. sig. à M. Bellart. 3 p. in-8.

84. **CHABOT** (Philippe de), amiral de France, tué à la bataille de Pavie.
Quittance sig. sur parchemin. 1533. in-4 oblong.

85. **CHANSONNIERS.** Cinq lettres aut. sig.
Chazet. 1 p. in-18. — Creuzé de Lesser. 1 p. in-4. — Désaugiers. 1 p. in-4. — Plus. 2 L. aut. sig., dont une très-jolie.

86. **CHAPELAIN** (Jean), poëte, de l'Académie française.
Quittance sig. sur vélin. 1677. In-8 en travers.

87. **CHARLES II**, roi d'Angleterre.
L. aut. sig. à M. de Saumaise. Breda, 7 avril 1650. 2 p. in-4, curieuse. Jaunie par le temps.

88. **CHARLES-QUINT**, roi d'Espagne.
L. sig. avec la souscription aut. au prince d'Orange. 3/4 de p. in-fol. Pièce tachée d'humidité.

89. **CHARLES VII**, roi de France.
L. sig. sur papier. s. d. in-8 en travers. Jolie pièce.

*

90. **CHARLES VIII**, roi de France.
L. sig. sur papier, au Plessis, le 26 septembre. 3/4 de p. in-fol.

91. **CHARLES X**, roi de France.
1° L. aut.; Montcallieri, 1 p. 1/3 in-4. 2° Billet de 6 petites lignes aut. sig.

92. **CHARLES-ALBERT**, roi de Piémont.
L. aut. sig. au comte de Costa. Dresde, 16 juillet 1848. 2 p. 1/2 in-4.
Intéressant récit de son voyage à Venise et en Allemagne, et des fêtes brillantes qu'on vient de lui donner à la cour de Munich.

93. **CHARLOTTE NAPOLÉON** (la princesse) qui inspira une si vive passion à *Léopold Robert*.
L. aut. sig. à son oncle. 3 p. in-4. Jolie lettre.

94. **LA MÊME.**
L. aut. sig. au même. Florence 1833. 2 p. 1/2 in-4. Jolie lettre.

95. **CHAROLAIS** (Charles de Bourbon, comte de), connu par sa cruauté.
L. aut. sig. à M. Hérault. 1729. 3/4 de p. in-4.

96. **CHATEAUBRIAND** (le vicomte de), de l'Académie française.
L. aut. sig. Paris 1824. 1 p. pl. in-4. Jolie lettre.

97. **CHAULIEU** (l'abbé de), poëte lyrique.
Pièce de vers aut. 4 strophes. 1 p. in-4.

98. **CHAUVEAU LAGARDE**, célèbre avocat, défenseur de Marie-Antoinette et de Charlotte Corday.
Deux l. aut. sig. 2 p. in-4.

99. **CHEFS DE SECTE.** Six lettres aut. sig.
CABET, 1851, 1/2 p. in-4. — CONSIDÉRANT (V.). Billet aut. sig. F. C. 1 p. in-18. — COMTE (Aug.). 1 p. in-18. — ENFANTIN (le Père). 1/2 p. in-8. — LITTRÉ. 1 p. 1/2 in-8. — SAINT-SIMON. 1 p. pl. in-8.

100. **CHÉNIER** (André), poëte, décapité en 1793.
Dix vers aut. 1/4 de p. format d'agenda.

101. **CHEVERT** (F^ois de), lieutenant-général, né à Verdun.
L. aut. sig. Paris 1754. 1 p. pl. in-4.

102. **CHIMISTES.** Quatre lettres aut. sig.
BERTHOLLET. 1 p. in-4. — CHAPTAL. 3/4 de p. in-4. — FOURCROY. 1 p. in-4. — MACQUER. 1766. 1 p. 1/2 in-4.

103. **CHIMISTES.** Treize lettres aut. sig.
BECQUEREL, BRONGNIART, 4 lettres, CHEVREUIL, GAY-LUSSAC, PARMENTIER, PELOUZE, 2 lettres, SAGE et VAUQUELIN.

104. **CHOISEUIL** (Ét. F^ois de), ministre d'État.
L. aut. sig. Versailles, 10 décembre 1768. 3 p. pl. in-4. Belle lettre.

105. **CHOISEUL-GOUFFIER** (le comte de), voyageur en Orient.
L. aut. sig. à Necker. Constantinople, 10 mai 1785. 6 p. in-4.
Belle pièce, dans laquelle il fait un rapprochement ingénieux entre la disgrâce de Necker et celle que vient d'éprouver le grand visir, ami

de la France. «Ce qui doit vous consoler, c'est que votre ouvrage fera une partie du bien que vous ne pouvez plus faire... L'abbé Delille, qui commence à recouvrer la vue, me charge de vous présenter son hommage et de vous remercier de deux choses, d'avoir fait un excellent livre, et de l'avoir fait imprimer en caractères assez gros pour qu'il pût le lire.»

106. **COLBERT** (J. B.), célèbre ministre de Louis XIV.
1° L. sig. 5 juin 1679. 1 p. in-4. 2° Notes aut. de dépenses à faire pour la marine. 3/4 de p. in-fol.

107. **COLLIN D'HARLEVILLE** (J. Fr.), poëte dramatique, de l'Institut.
L. aut. sig. à M. Alix. Paris 1788. 3 p. pl. in-4.
Très-jolie lettre, où il est question d'une pièce en 3 actes qu'il corrige.

108. **COMITÉ DE SALUT PUBLIC**, de la Convention nationale.
Lettres et arrêtés de 1793, de l'an II et de l'an IV. Sig. *Billaud Varenne, Collot d'Herbois, Carnot, Prieur, Saint-Just, Barère, Chénier* (M. J.), *Thibaudeau, Hérault, Aubry,* etc. 6 pièces in-fol.

109. **COMITÉ DE SALUT PUBLIC.**
Lettres et arrêtés de 1793, de l'an II et de l'an III. Sig. *Prieur, Carnot, Lindet, Saint-Just, Barère, Collot-d'Herbois, Cambacérès, Merlin, Letourneur, Fourcroy,* etc. 16 pièces in-fol.

110. **COMITÉ DE SURETÉ GÉNÉRALE.**
Arrêtés de mise en liberté, de l'an II et de l'an III. Sig. *Vouland, Élie Lacoste, Courtois, Chénier* (M. J.), *Sevestre, Guffroy, Bergoeing, Ysabeau, Harmand,* etc. 4 pièces in-fol.

111. **COMITÉ DE SURETÉ GÉNÉRALE.**
Lettres et arrêtés, de l'an III. Sig. *Gauthier, Guffroy, Kervélégan, Moulmayou, Ysabeau,* etc. 11 pièces in-fol. Cachet.

112. **COMITÉ DE SURETÉ GÉNÉRALE ET DE SURVEILLANCE**, de la Convention nationale.
Lettre au ministre, entièrement de la main d'Alquier, sig. de lui et aussi par *Basire, Drouet* et *Borère.* 5 juin 1793. 3/4 de p. in-fol. Tête imprimée.

113. **COMITÉ DE SURETÉ GÉNÉRALE ET DE SURVEILLANCE**, de la Convention nationale.
Lettre aux administrateurs du Calvados, entièrement de la main de *Duhem,* sig. de lui et aussi par *Lasource, Ruamps, Lamarque* et *Ingrand.* 24 mars 1793. 1 p. 1/2 in-4. Tête imprimée.

114. **COMITÉ DE SURETÉ GÉNÉRALE ET DE SURVEILLANCE.**
Arrêtés de l'an II et de l'an III. Sig. *Amar, Bayle, Bourdon, Bentabole, Barras, Lacoste, Laignelot, Legendre, Vadier,* etc. 7 pièces in-4 et in-fol.

115. **COMPOSITEURS DE MUSIQUE.** Cinq lettres aut. sig.
Meyerbeer. 1 p. 1/2 in-8. — Lesueur. 1 p. in-4. — Paer. 1 p. in-4. — Spontini. 1 p. in-4. — Thomas (Ambroise). 1 p. in-8.

116. COMPOSITEURS DE MUSIQUE. Sept lettres aut. sig.

> Adam. 2 lettres. 4 p. in-12. — Halévy. 1 p. in-8. — Kalkbrenner. 2 p. in-8. — Thalberg. 2 p. in-8, etc.

116 bis. COMPOSITEURS DE MUSIQUE. 4 pièces.

> Boïeldieu, morceau de musique aut. — Gossec. Attestation de 6 petites lignes aut. sig., et signée aussi par Méhul. — Grétry. Quitt. sig. 1791.

117. CONDÉ (Louis de Bourbon, prince de), dit *le Grand*.

> L. aut. sig. à Monsieur...; 3 avril 1652. 2 p. 1/4 in-4. Cachets.
> Très-belle lettre militaire.

118. CONDORCET (le marquis de), conventionnel et savant, de l'Académie française.

> L. aut. sig. à M. Celerier. 1790. 1 p. in-4.

119. CONRART (Valentin), secrétaire perpétuel de l'Académie française.

> Quittance sur vélin de 12 lignes aut. sig. 1671. 1/2 p. in-8.

120. CONSCIENCE, romancier belge, aussi spirituel qu'original.

> L. aut. sig. Anvers 1856. 3 p. in-8.
> Lettre fort intéressante pour la bibliographie de cet écrivain.

121. CONVENTIONNELS. Dix lettres aut. sig.

> Boissy d'Anglas. 1 p. in-4. — Bréard. Pièce aut. sig. 1/2 p. in-4. — Creuze Latouche. 3/4 de p. in-8. — Defermon. 1 p. in-4. — Doulcet (Gustave). 1 p. in-4. — Dubois-Dubais. 2 p. in-4. — Français, de Nantes. 2 p. in-4. — Gouly. 3/4 de p. in-8. — Granet. 1 p. in-8. — Thirion, 1 p. in-4.

122. CONVENTIONNELS. Onze lettres aut. sig.

> Doulcet (Gust.). 1 p. in-8. — Dumont (Ph.). 2 p. in-4. Intéressante. — Fréron. 1 p. in-8. — Jean Bon Saint-André. 1 p. in-4. — Lalande. 1 p. 1/2 in-4. — Lanjuinais. 1/2 p. in-4. — Oudot. 1 p. in-4. — Richaud. 2 p. in-4. — Rovère. 3/4 de p. in-fol. — Vitet. 1 p. in-4. — Ysabeau, 3/4 de p. in-4.

123. CONVENTIONNELS ET DÉPUTÉS. Dix pièces ou lettres.

> Carrier. L. sig. 1 p. in-4. — Carrion Nisas. L. aut. sig. 1 p. in-4. — Dupont de Nemours. L. aut. 2 p. 1/2 in-4. — Lameth (Alex.). L. sig. 1 p. in-fol. — Lebon (J.). L. sig. 1/2 p. in-fol. — Hérault. Appostille. Aut. sig., etc.

124. CORDOVA (L. Fernandez), général et diplomate espagnol.

> Deux l. aut. sig. Copenhague et Paris, 1828 et 1832. 2 p. 1/2 in-4.

125. CRÉQUY (Fçois de Bonne de), maréchal de France.

> L. aut. sig. à Mlle de Feudrix. 1 p. pl. in-4. Cachet. Jolie lettre.

126. CRITIQUES. Dix lettres aut. sig.

> *Cormenin*, 1 p. in-8. — *Feletz-Janin* (Jules), etc.

127. CRITIQUES, membres de l'Académie française.

> Mérimée. 1 p. 1/2 in-8. — Nisard. 2 lettres. — Saint-Marc

GIRARDIN. 1 p. 1/4 in-8. — SAINTE-BEUVE. 3 lettres, en tout
7 l. aut. sig.

128. CRITIQUES, membres de l'Académie française. — 7 —
FELETZ. 1 p. in-8. — LEMONTEY, 2 p. in-8. — MÉRIMÉE.
3 p. 1/2 in-8. — MORELLET. 1 p. in-8. — NODIER (Charles).
3/4 de p. in-8. — NISARD (Désiré). 1 p. in-8. — PATIN. 2 p.
in-8. — SAINTE-BEUVE. 3 p. in-8. — SUARD. 1 p. in-8. —
VILLEMAIN. 1 p. in-8. 10 l. aut. sig.

129. DAGUESSEAU (H. F^sis), chancelier de France. — 1 50
L. aut. sig. Fresne 1723. 1 p. 1/2 in-4.

130. DAMPIERRE (A. H. Picot de), général en chef, tué à 10 50
la bataille de Famars.
L. aut. sig. au ministre. Valenciennes 1793. 3/4 de p.
in-fol.
Il lui mande ce qui s'est passé à la tête du faubourg d'Anzin, où les
troupes se sont parfaitement conduites.

131. DAUMESNIL (le baron Pierre), général, gouverneur 4 50
de Vincennes en 1815, né à Périgueux.
L. aut. sig. à M. Parmentier. 1 p. pl. in-4.

132. DAVID (Jacques-Louis), célèbre peintre, membre de la 24 50
Convention.
L. aut. sig. à mon prince...; 31 août 1806. 1 p. in-4.
Demande du manteau de l'empereur pour son grand tableau du cou-
ronnement.

133. DECRÈS (le duc), amiral et ministre de la marine. — 5 »
Deux l. aut. sig. à Willaumez, capitaine du vaisseau l'Al-
gésiras. Paris, 23 frimaire an XIII et 20 brumaire an XIV.
3 p. in-fol.
Pièces secrètes, relatives aux mouvements de l'escadre réunie à l'île
d'Aix, sous les ordres du contre-amiral Missiessy.

134. DÉJAZET (Mlle), charmante actrice. — 5 —
L. aut. sig. à Alexandre Dumas. 2 p. in-8.

135. DELAVIGNE (Casimir), poëte dramatique, de l'Acadé- 9 50
mie française.
L. aut. sig. à M. Ancelot. Paris 1822. 1 p. pl. in-8.
Relative à des articles faits sur ses nouvelles Messéniennes.

136. DENIS (Mme), nièce de Voltaire. 6 »
L. aut. à Mme d'Argental. Ferney, ce 12 novembre. 3 p.
in-4. Jolie lettre.

137. DÉPUTÉS. Huit lettres aut. sig. 1 »
BARTHÉLEMY, CLÉMENT de Ris, DEFERMON, FABRE de
l'Aude, FAVARD, LEMERCIER, ROUX-LABORIE et VIMAR. 10 p.
in-4 et in-fol.

138. DÉPUTÉS. Neuf lettres aut. sig. 1 »
BAILLEUL, BERGEVIN, BODINIER, CORNUDET, FABRE de
l'Aude, GIRAUD, LAPOTAIRE, PERRÉE et VIMAR. 10 p. in-4 et
in-fol.

139. DÉPUTÉS DE LA RESTAURATION. 2 10
Vingt-six l. aut. sig. de divers formats.

140. DÉPUTÉS ET PAIRS DE FRANCE. Quarante-cinq 6 —
lettres aut. sig.
CORCELLES, DUPIN (Ch.), LASCASES (Em.), MONIER de la
Sizeranne, MORNAY, PARDESSUS, etc.

141. **DESÈZE** (le comte), défenseur de Louis XVI, premier président à la Cour de cassation.
L. aut. sig. Paris, 6 juin 1814. 2 p. in-4.

142. **DESFOSSÉS** (Romain), vice-amiral et ministre.
L. aut. sig. Brest 1839. 4 p. in-fol.

143. **DICKENS** (Charles), un des romanciers les plus originaux de ce siècle.
L. aut. sig. en anglais, 1843. 1 p. in-8.

144. **DIPLOMATES ÉTRANGERS.** Neuf lettres aut. sig.
APRAXIN, 2 p. in-8. — CARREIRA, 3/4 de p. in-8. — GALITZIN (Michel), 1 p. in-8. — GOUVERNEUR-MORRIS, 1790, 1 p. in-4. — LIEVEN (le prince de), 1 p. in-8. — TROUBETZKOÏ, 1 p. in-8, etc.

145. **DIPLOMATES ÉTRANGERS.** Dix-neuf lettres sig.
ARCHINTO, COLLOREDO, FRIAS (le duc de), DONOSO CORTÈS, etc.

146. **DONIZETTI**, compositeur de musique, membre de l'Institut.
L. aut. sig. 1/2 p. in-8.

147. **DORAT** (Cl. J^h), poëte et fabuliste.
L. aut. sig. 6 juin 1779. 1 p. pl. in-4.

148. **DORDELIN**, contre-amiral.
Deux L. aut. sig. An XI et 1807. 2 p. 1/2 in-4 et in-fol.

149. **DUBOCCAGE** (Mme Lepage), poëte.
L. aut., à la 3e personne, à Voltaire. 1 p. in-8. Cachet.
Très-jolie lettre sur l'affaire des Calas.

150. **DUBOIS-CRANCÉ**, conventionnel montagnard, général et ministre.
L. aut. sig. à Dorfeuille (qui fut peu après président de la commission de justice populaire à Lyon). La Pape, 2 septembre 1793. 3 p. in-fol.
Belle et curieuse pièce, toute relative au siége de Lyon, et dans laquelle il presse Dorfeuille, alors en mission à Roanne en Forez, de provoquer une levée en masse des habitants, pour écraser les rebelles lyonnais. Carteaux vient d'entrer dans Marseille, mais cette agréable nouvelle est cruellement atténuée par celle de la trahison de Toulon. « Voilà donc enfin le but du fédéralisme. Les liaisons intimes de nos coquins de Lyon, de Bordeaux, Marseille, Toulon, etc., sont mises à découvert… »

151. **DUCASSE** (J. B.), lieutenant-général des armées navales, né dans le Béarn.
Ordre aut. sig. Toulon, 27 février 1714. 1 p. in-4.

152. **DUCHASTELLET** (Mme), amie de Voltaire.
L. aut. à M. Renouard, s. d. 4 p. pl. in-4. Belle lettre.

153. **DUCIS** (J. F.), poëte tragique, de l'Académie française.
L. aut. sig. à M. Soldini. Versailles, 5 février 1811. 3 p. pl. in-4. Jolie lettre.

154. **LE MÊME.**
1° Extrait du *Moniteur* du 14 mai 1814, concernant la réception gracieuse que lui a faite Louis XVIII. Piécaut. 2 p. in-4. 2° Reçu aut. sig. 1813. 1 p. in-8 oblong.

155. **DUMOURIEZ** (Duperier), général en chef, auteur de *Mémoires*.

L. aut. sig. Cherbourg 1782. 3 p. in-4. Estampille d'un amateur en tête.

156. DUMONT D'URVILLE, illustre navigateur français.
L. aut. sig. au contre-amiral Halgan. Paris 1825. 3 p. pl. in-4.
Il se plaint de n'avoir pas obtenu l'avancement auquel lui donnait droit son dernier voyage.

157. DUNDAS (Richard Saunders), amiral anglais qui commandait les forces navales dans la campagne de Crimée.
L. aut. sig. 1 p. in-8.

158. DUPERRE, amiral et ministre, commandant de la flotte à la prise d'Alger.
1° L. aut. sig. 1821. 3 p. pl. in-fol. Belle pièce. 2° Deux l. aut. sig. 1811 et 1823. 2 p. in-fol.

159. DUPERREY (L. J.), marin et savant.
Trois l. aut. sig. 1820, 1826 et 1834. 4 p. in-4.

160. DUPETIT-THOUARS (Aristide), capitaine de vaisseau, tué à Aboukir.
L. aut. sig. Paris, an VI. 2 p. in-fol.

161. DUPETIT-THOUARS (A.), vice-amiral, qui prit possession des îles Marquises.
L. aut. sig. au vice-amiral Willaumez ; Saumurville (Marquise). 1843. 2 p. 1/4 in-4.

162. DUQUESNE (Abraham), marin illustre.
Quittance sur vélin sig. 1664. In-8 en travers.

163. ÉCONOMISTES. Onze lettres aut. sig.
BLANQUI, CHEVALIER (Michel). 2 lettres. — MOROGUES (de), SAY (J. B.), WOLOWSKI, etc.

164. ELISA BACCIOCHI, princesse de Lucques et de Piombino.
L. aut. sig. au cardinal Fesch. Lucques 1807. 3/4 de p. in-4.

165. LA MÊME.
L. aut. sig. au ministre. Paris, 13 ventôse. 1 p. in-8.

166. ÉLISABETH (Mme), sœur de Louis XVI, décapitée en 1793.
L. aut. sig. à Mme de Bombelles. 30 décembre 1790. 2 p. pl. in-8.
Elle déplore les effets de l'acceptation, par le roi, de la constitution civile du clergé. «Je commence à croire à la fin du monde ; il n'y aurait pas grand mal. Dieu nous réservait ce coup, qu'il soit le dernier... Ou dit qu'il y a sept curés de Paris qui ont prêté le serment ; je ne croyais pas que le nombre fût aussi considérable ?... Une chose que ceci m'a fait découvrir, et qui fait horreur, c'est combien les curés de campagne sont peu instruits»

167. ELLÉVIOU (Jean), célèbre chanteur de l'Opéra-Comique.
L. aut. sig. au préfet du Rhône. s. d. 3 p. pl. in-4. Curieuse lettre.

168. LE MÊME.
Épître aut., en vers, à M. de Pins, archev. de Lyon. 1833. 2 p. 1/2 in-8, avec une signature collée au bas.
Curieuse pièce, composée à l'occasion de la confirmation des enfants, que M. de Pins venait faire au bois d'Oingt. Il cherche à prémunir le prélat contre certains journaux de Lyon, qui accusent cette commune d'impiété...

De retour dans ta grande cité,
Tu rediras qu'en ta présence
S'est faite la sainte alliance
De la religion et de la liberté.

169. **ENTRECASTEAUX** (J. Ant. Bruni d'), célèbre par son voyage à la recherche de Lapérouse.
L. aut. sig. 1787. 1/2 p. in-4.

170. **ÉPERNON** (Louis de Lavallette, duc d'), favori de Henri III.
L. sig. avec la souscription aut. aux Échevins de la ville de Lyon. 1593. 1 p. in-fol.

171. **ÉPRÉMESNIL** (Duval d'), célèbre conseiller au Parlement de Paris.
L. aut. sig. à M. Michault. Paris, 4 octobre 1790, 1 p. pl. in-4.

172. **ESMÉNARD** (J⁵ Alph.), poëte, membre de l'Institut, né en Provence.
L. aut. sig. à Michaud. 1809. 2 p. in-4.
Relative aux articles qu'il se charge de faire pour la Biographie universelle.

173. **ESTAING** (le comte d'), célèbre amiral.
L. aut. sig. en rade du fort royal. 7 février 1779. 2 p. pl. in-4.

174. **ESTRÉES** (Jean d'), seigneur de Cœuvres, grand-maître de l'artillerie.
L. sig. au cardinal de Lorraine. 1557. 2 p. in-fol. Cachet.

175. **ESTRÉES** (V. M. d'), vice-amiral, maréchal de France, de l'Académie française.
L. aut. sig. à bord du Neptune. 21 juillet 1692. 2 p. 1/3 in-4. Pièce militaire très-intéressante.

176. **ESTRÉES** (F⁰ⁱˢ Annibal d').
L. sig. 1626. 2 p. in-fol. Estrées (Jean d'). L. aut. sig. 3 p. in-4, et Estrées (Louis-César d'). 2 p. in-4. Tous trois maréchaux de France.

177. **EUGÉNIE**, impératrice des Français.
L. aut. de 3 lignes in-8, sur papier avec chiffre couronné.

178. **ÉVÊQUES FRANÇAIS.** Dix-huit lettres aut. sig.

179. **FABERT** (Abraham), maréchal de France.
L. aut. sig. Sedan, 28 janvier 1660. 2 p. in-4. Jolie lettre.

180. **FABRE D'OLIVET**, littérateur et auteur dramatique, né en Languedoc.
L. aut. sig. à Labouisse. 2 p. 1/2 in-4.

181. **FEMMES AUTEURS.** Quatre pièces.
Genlis, 2 l. aut. 1/2 p. in-4 et 1 p. in-8. — Montolieu (Mᵐᵉ de). L. aut. sig. 2 p. pl. in-4. — Valmore (Mᵐᵉ). L. aut. sig. 3 p. in-8.

182. **FEMMES AUTEURS.** Huit lettres aut. sig.
Abrantès (la duchesse d'); Agoult (Marie d'); Daniel Stern; Chastenay (Vict. de); Ducrest (Georgette); Flora Tristan; Waldor (Mélanie); Valmore (Marceline), etc.

183. **FEMMES POËTES ET PROSATRICES.** Huit lettres aut. sig.

ABRANTÈS (d'), AGOULT (Marie d'), ANCELOT (Virginie),
COLET (L.), LESGUILLON (Hermance), TASTU, VALMORE et
WALDOR.

184. FESCH (le cardinal), oncle de Napoléon Ier.
1° L. aut. An XII. 1 p. in-fol. 2° 2 l. sig. 1812 et 1837. 2 p.
in-4.

185. FIÉVÉE, publiciste célèbre et auteur dramatique.
L. aut. sig. à Michaud. Charonne, 6 août. 4 p. in-4, d'une
écriture fine et serrée.
Dissertation sur *Hugues-le-Bâtard*, pour rectifier des erreurs com-
mises par l'auteur de cet article dans la *Biographie universelle*.

186. FLEURIEU (Claret de), ministre de la marine sous
Louis XVI, membre de l'Institut.
L. aut. sig. à Anisson-Duperon, directeur de l'imp. royale.
Paris, 6 janv. 1790. 3 p. 1/3 in-fol.
Arrangements entre lui et Anisson pour l'impression de son ouvrage
intitulé : *Découvertes des Français dans le sud-est de la Nouvelle-Gui-
née*, 1790. in-4.

187. FLEURY (le cardinal), ministre de Louis XV, de l'Académie française.
L. aut. sig. 1 p. in-8.

188. FLORIAN (le chevalier de), poëte et fabuliste, de l'Aca-
démie française.
L. aut. à son oncle. Armainvilliers 1779. 3 p. 1/2 in-8.
Très-jolie lettre.

189. FORBIN (Claude), chef d'escadre.
Pièce sig. comme capitaine du vaisseau *le Fortuné*. Brest,
30 décembre 1692. 1 p. in-fol. *Rare*.

190. FOUCAULT (L.), comte du Daugnon, vice-amiral et
maréchal de France, né dans la Marche.
L. aut. sig. ; La Rochelle, ce 11 janvier. 1 p. in-fol. Légèrement mouillée.

191. FOUCHÉ (J^h), duc d'Otrante, conventionnel et ministre.
L. aut. sig. à ses collègues, à commune affranchie. Paris,
20 fructidor an II. 3/4 de p. in-fol.

192. FOUCQUET (Nicolas), surintendant des finances.
Quittance sig. sur vélin, avec 1 lignes aut. 1647. In-8.

193. FOUQUIER-TINVILLE, accusateur public du tribunal révolutionnaire, décapité en l'an III.
Lettre et pièce sig. 1793 et an II. 2 p. in-4.

194. FOURIER (Charles), chef de l'école qui porte son nom.
L. aut. sig. au c^{te} de Bondy. Lyon 1811. 1 p. pl. in-4.

195. FRANÇOIS Ier, roi de France.
Pièce sig. sur vélin. Pont-Levoy, 27 avril 1544. In-fol. en
travers.

196. FRANÇOIS II, roi de France.
Pièce sig. sur vélin. Saint-Germain, 13 août 1559. In-fol.
en travers. *Rare*.

197. FRAYSSINOUS (Denis), évêque d'Hermopolis, de l'Aca-
démie française.
L. aut. sig. à Monseigneur... ; Paris, 27 mai 1816. 4 p. in-4.
Très-belle lettre toute relative à ses *conférences*.

198. FRÉDÉRIC II, roi de Prusse, dit *le Grand*.

L. sig. Berlin 1741. 1/2 p. in-fol. La marge de gauche légèrement déchirée.

199. **FRÉDÉRIC VI**, roi de Danemarck.
L. sig. au général Fririon. Copenhague, 27 juin 1808. 3/4 de p. in-fol.

200. **FRÉDÉRIC-GUILLAUME IV**, roi de Prusse.
L. sig. à M. Buret. Sans-Souci, 9 novembre 1844. 1/2 p. in-4.

201. **FRÉRON** (Élie-Catherine), célèbre critique.
L. aut. sig. à Mercier. Saint-Léger 1764. 1 p. pl. in-8.

202. **GANTEAUME** (Honoré), vice-amiral, né à la Ciotat.
L. aut. sig. Toulon 1809. 3 p. in-4.

203. **GÉNÉRAUX**. Six lettres aut. sig.
GARDANNE. 1 p. in-fol. — LAFAYETTE. 2 l. aut. sig. 1 p. 1/2 in-4. — LASALLE (le m^{is} de), général commandant la garde nationale parisienne en 1789, avant Lafayette. 1 p. 1/2 in-4. — LASALLE, général de cavalerie. L. aut. sig. 1/2 p. in-fol. coupée en tête, etc.

204. **GÉNÉRAUX**. Six lettres aut. sig.
BEAUPUY. 1 p. in-4. — JOMINI. 1 p. in-8. — LAMARQUE (Max.). 3 p. pl. in-4. — MÉNOU, an X. 1 p. pl. in-fol. — ROCHAMBEAU. 2 p. 1/2 in-4. — WIMPFEN (Félix). 2 p. in-4.

205. **GÉNÉRAUX**. Sept lettres aut. sig.
BRÉA. 2 p. in-4. jaunie. — CUBIÈRES. 1 p. in-4. — CURIAL. 1 p. 1/2 in-8. — EBLÉ. 1 p. in-4. — FABVIER. 2 petites lettres. — JOMINI. 1 p. in-8.

206. **GÉNÉRAUX**. Sept lettres aut. sig.
BESENVAL (le baron de). 2 p. in-4. — BIRON LAUZUN. 1/2 p. in-4. — CHATEAUNEUF RANDON. 1 p. 3/4 in-4. — HAUTPOUL (d'). 1 p. in-4. — SARRAZIN. Certificat. 1 p. in-4. Cachet. — VALENCE. 1 p. in-fol. — WIMPFEN (Félix). 1 p. in-4.

207. **GÉNÉRAUX**. Huit lettres.
BEAUHARNAIS (Al^{dre}). L. aut. sig. 1 p. in-4. — D'ARÇON, mémoire aut. sig. 1 p. in-fol. — LECOURBE. L. aut. sig. 1 p. Zurich. 1 p. in-fol. Cachet. — MARESCOT. L. aut. sig. 1 p. in-4. — MALARTIC. L. aut. sig. 2 p. in-fol. — ROCHAMBEAU. L. aut. sig. 1 p. 1/2 in-8. — SÉGUR. L. aut. sig. 1 p. in-4. — TAPONNIER. L. aut. sig. 1 p. 1/2 in-4.

208. **GÉNÉRAUX**. Neuf lettres sig.
CHAMPIONNET. 1 p. in-fol. — DILLON (A.). 2 p. in-4. — DUGOMMIER. 1 p. 1/2 in-4. — HOCHE. 1 p. in-4. — HANRIOT. 3/4 de p. in-4. — HUMBERT. 1 p. 1/2 in-4. — KLÉBER. 1/2 p. in-fol. — LECLERC (Em^{el}). 1 p. in-fol. — ROSSIGNOL. 3/4 de p. in-fol. Cachet. Réunion intéressante.

209. **GÉNÉRAUX** de la République, de l'Empire et de la Restauration.
Cent cinq l. aut. sig. Format in-8, in-4 et in-fol.

210. **GÉNÉRAUX ANGLAIS**. Quatre lettres aut. sig.
BRISBANE. 2 lettres. 3 p. 1/2 in-4. — RAMSAY. 2 lettres 5 p. in-4.

211. **GÉNÉRAUX ÉTRANGERS**. Sept lettres.
BRUNSWIC (Ch. duc de). L. sig. 1798. 3/4 de p. in-4. —

Dembinski. L. aut. sig. 1852. 2 p. in-8. — Dufour, général suisse. L. aut. sig. 1850. 1 p. 1/2 in-8. — Laharpe, instituteur de l'empereur Alexandre. L. aut. sig. 1813. 2 p. in-4. — O'Farril. Pièce aut. 1 p. in-4, et Pépé (Guil.). Billet de 8 lignes aut. sig.

212. **GÉOGRAPHES.** Six lettres aut. sig.

Anville (d'). 2 reçus aut. sig. 1 p. in-8. — Barbié Dubocage. 1 p. 1/2 in-4. — Mentelle. 1 p. in-4, etc.

213. **GÉOMÈTRES.** Huit lettres aut. sig.

Dupin (Ch). 2 p. in-8. — Francœur. 2 lettres. — Hachette. 2 lettres. — Monge (Gaspard). Apostille aut. sig. de 11 lignes. — Poisson et Vandermonde. Certificat aut. sig. relatif aux *Éléments d'algèbre* d'Euler. 1 p. in-4.

214. **GÉRARD DE NERVAL**, poëte et littérateur.

L. aut. sig. 1854. 3/4 de p. in-8. Envoi d'un de ses ouvrages.

215. **GERLE** (Dom.), Chartreux, député à la Constituante.

Billet de 7 lignes aut. sig. comme membre du comité ecclésiastique. 3/4 de p. in-4. *Rare*.

216. **GIOBERTI** (l'abbé), célèbre publiciste et homme d'État piémontais.

L. aut. sig. en italien. 3/4 de p. in-4.

217. **GOETHE** (Jean-Wolfgang), créateur de l'École littéraire allemande.

L. aut. sig. en français. 1 p. in-8.

218. **GRANDS CAPITAINES, MARÉCHAUX ET AMIRAUX.** Sept pièces.

Mayenne (Charles de Lorraine, duc de). Pièce sig. sur vélin. 1592. — Eugène de Savoie. Pièce sig. 1708. 1 p. in-fol. — Leganez (le mis de). L. sig. 1637. 3/4 de p. in-fol. — Brezé (Armand de Maillé, duc de). Pièce sig. 1643. 1 p. in-fol. — Vivonne (le duc de), maréchal de France et général des Galères. Pièce sig. 1678. 1 p. in-fol. Cachet. — Vendome (Louis, duc de). Pièce sig. 1659. 1 p. in-4. Cachet. — Roger de Bellegarde, maréchal de France. Gap 1579. 3/4 de p. in-fol.

219. **GRAVEURS, PEINTRES, SCULPTEURS,** etc. Huit lettres.

Dupont (Henriquel). L. aut. sig. 2 p. in-8. — Brascassat. L. aut. sig. 1 p. in-8. — Gavarni. L. aut. sig. 3/4 de p. in-8. — Gérard (Fois). L. sig. 2 p. in-4. — Lebrun (Mme). L. aut. 3 p. in-8. Très-jolie lettre. — Mirbel (Mme). L. aut. sig. 2 p. 1/2 in-8. — Rousseau (Th.). L. aut. sig. 1830. 2 p. 1/2 in-4. — Duret. 1 p. in-8.

220. **GRAVINA** (Frédérico), brave amiral espagnol qui se distingua au combat de Trafalgar.

L. aut. sig. 1/4 de p. in-4.

221. **GRÉTRY** (André-Modeste), célèbre compositeur de musique, membre de l'Institut.

L. aut. sig. à M. de Saint-Aubin. 2 p. pl. in-8. Charmante lettre.

222. **GUISE** (Henri de Lorraine, duc de), dit *le Balafré*, assassiné en 1588.
L. sig. avec la souscription aut. 1587. 3/4 de p. in-fol. Jaunie par le temps.

223. **GUISE** (Henri II de Lorraine, duc de), célèbre par sa tentative sur le royaume de Naples.
L. aut. sig. au chevalier des Issarts. De Ségovie, 14 mars 1654. 3 p. pl. in-fol. Belle lettre.

224. **GUIZOT**, ministre et historien, de l'Académie française.
L. aut. sig. à M. Bellocq. Paris 1844. 3 p. pl. in-8. Jolie lettre.

225. **GUSTAVE III**, roi de Suède, assassiné par Ankaström.
Approbation de 2 petites lignes aut. sig. du dessin d'une médaille. 17 novembre 1778. In-4.

226. **HALLAM** (Henri), historien anglais.
L. aut. sig. en anglais. Londres 1823. 2 p. in-4, avec traduction.

227. **HAUY** (René-Just), célèbre minéralogiste.
L. aut. sig. à M. Breguet. Paris 1820. 1 p. in-4.

228. **HELLÉNISTES**. Neuf lettres aut. sig.
Ansse de Villoison. L. aut. 1 p. in-4, et pièce aut. sig. — Burnouf père, Egger, Gail, Planche, Rossignol, etc.

229. **HÉNAULT** (le président), historien célèbre, de l'Académie française.
1re L. aut. 1 p. in-4, 2e Pièce sig. 1735.

230. **HENRI II**, roi de France.
Pièce sig. sur vélin. 1547 in-fol. en travers.

231. **HENRI III**, roi de France.
L. sig. Paris 1585, 1/2 p. in-fol.

232. **HENRI IV**, roi de France.
L. sig. avec 2 petites lignes, ou 12 mots aut. Rouen 1596. 1/2 p. in-fol.

233. **HISTORIENS**. Trois pièces.
Lebeau. L. sig. 1758, 1 p. in-4. — Thou (J. A. de) Fragment aut. 19 lignes. — Raynal (l'abbé). L. aut. 1 p. in-4.

234. **HISTORIENS**. Six lettres aut. sig.
Bourrienne. 1 p. in-4. — Fain (le baron). 1 p. in-4. — Martin (Henri). 1 p. 1/2 in-8. — Monteil. 2 p. in-4. — Moreau. 1 p. pl. in-4. — Sismondi. 2 p. in-8.

235. **HISTORIENS**. Huit lettres aut. sig.
Fauriel. Pièce aut. sig. — Ginguené. 1 p. 1/2 in-8. — Grosier. 2 p. in-4. — Guérin (Léon). 5 p. in-8. — Dargaud. 2 p. in-8. — Martin (H.). 1 p. in-8. — Rabbe. 1 p. in-8. — Ramsay. 1 p. in-4.

236. **HISTORIENS**. Dix-sept lettres aut. sig.
Amelhon. Billet de 4 lignes. — Audin. 2 lettres. — Bonnechose. 4 p. — Dargaud. 2 lettres. — Labitte (Ch.). 3 p. in-8. — Marchangy, Mary Lafon. 1 p. in-8. — Michelet. 1 p. in-8, etc.

237. **HISTORIENS**, membres de l'Académie française. Six lettres aut. sig.
Mignet. 2 p. 1/4 in-8. — Noailles (le duc de). 1 p. in-8. —

Tissot. 1 p. 1/2 in-4. — Saint-Aulaire. 2 p. in-4. — Ségur père 1 p. in-fol. — Tocqueville. 1 p. in-8.

238. HISTORIENS ÉTRANGERS. Cinq lettres aut. sig.
Botta (Charles). 1 p. in-8. — Chodzko. 3/4 de p. in-8. — Denina. 1812. 1 p. in-4. — Llorente. 1821. 1 p. in-4. — Toreno (le c^{te} de). 1837. 1 p. in-4.

239. HOMMES D'ÉTAT ANGLAIS. Huit lettres aut. sig.
Berwick. 1826. 1 p. in-4. — Essex (le c^{te} d'). 1 p. in-8. — Gower (lord). 3/4 de p. in-4. — Londonderry. 1836. 3 p. in-4. — Melbourne. Adresse de lettre. — Philipps (Ch.). 3 p. in-8. — Peel (Robert). 1 p. in-4.

240. HOMMES D'ÉTAT ANGLAIS. Treize lettres aut. sig.
Baring (Fr.). 2 p. in-8. — Berwick. 1826. 1 p. 1/2 in-8. — Castelreagh. 1828. 1 p. in-4. — Cochrane (Jane). 1 p. in-8. — Gower (lord). 1820. 2 p. in-4. — Londonderry. 1850. 1 p. in-8. — Pembroke. 1828. 1 p. in-8. — Spencer (le c^{te}). 1828. 2 p. in-4. — Templemare. 3 p. in-8. — Yarmouth. 1832. 1 p. in-8, etc.

241. HOMMES D'ÉTAT RUSSES. Douze lettres aut. sig.
Gourieff. 1833. 3 p. in-4. — Kisseleff. 1839. 4 p. in-4. — Obrescoff (d'). 1846. 3 p. in-8. — Orloff (le c^{te}). 1 p. in-4. — Passek. 1820. — 2 p. in-4. — Strogonoff 1840. 2 p. in-8. — Volkonsky (le p^{ce}). 1817. 3 p. in-4. — Woronzow (le c^{te} de). 1821. 1 p. 1/4 in-4. — Zamoiski (le c^{te}). 1 p. in-8.

242. HOMMES POLITIQUES. Six lettres aut. sig.
Carnot (Henri). 3 p. in-8 — Duras (Léop.). 3 p. in-8. — Fazy (James). 1 p. in-fol. — Lagrange (Ch.). 3/4 de p. in-8. — Marrast (Arm.). Sig. à la 3e personne.

243. HORLOGERS. Sept lettres aut. sig. et seulement signées.
Bréguet père et fils. — Lépine. 1 p. in-4. — Lepaute père et fils.

244. HOUDETOT (la comtesse d'), amie de J. J. Rousseau et de Saint-Lambert.
L. aut. sig. à M. Bréguet. 1 p. in-8.

245. HOUDON, habile sculpteur, de l'Institut.
Reçu aut. sig. de 3 lignes. 1780. In-8 oblong.

246. HUGO (Victor), poëte, de l'Académie française.
Deux l. aut. sig. 1849. 2 p. in-4 ou in-8.

247. INGÉNIEURS. Dix lettres aut. sig.
Cotelle, Girard, Guépratte, Monge, Navier, Prony, etc.

248. INGRES (J. D.), célèbre peintre, de l'Institut.
L. aut. sig. à M. Haussoullier. 1 p. in-8.

249. JACQUEMONT (Victor), célèbre voyageur.
L. aut. sig. 28 janvier 1825. 1 p. in-8.

250. JAGAULT (l'abbé), chef vendéen.
L. aut. sig. 1849. 1 p. in-8.

251. JEAN BART, illustre marin.

Quittance sig. sur papier. Brest, 25 avril 1693. In-4 en travers.

252. **JEAN-BON SAINT-ANDRÉ**, conventionnel montaguard.

L. aut. sig. à l'amiral Martin. Port-la-Montagne, 19 thermidor an II. 1 p. 1/2 in-fol. Tête imprimée et vignette. Belle lettre.

253. **JOINVILLE** (Fr. d'Orléans, prince de), amiral.

L. aut. sig. 14 août 1848. 2 p. 1/2 in-8.

Très-belle lettre, dans laquelle il manifeste son désir pour la guerre. «Quand je pense au pays j'oublie tout, et mes vœux et mes sympathies les plus ardentes seraient avec ceux qui rendraient à la patrie cette satisfaction du cœur, cette confiance en elle-même, avec laquelle on fait de grandes choses...»

254. **LE MÊME.**

L. sig. avec un post-scriptum de 20 lignes aut., au capitaine du *Gassendi*, Cadix, 31 août 1844. 2 p. 3/4 in-fol.

Intéressante dépêche, dans laquelle il donne ses instructions pour la sûreté de Mogador. «J'ai des nouvelles de Paris jusqu'au 20; Notre affaire de Tanger avait été bien reçue... Les nouvelles du Maroc sont que l'effervescence la plus vive règne contre nous. Nous avons été battus partout, sur l'Isly, à Tanger et à Mogador; où nous avons perdu deux vaisseaux et 800 prisonniers. De là résulte une grande confiance qui pourrait bien amener quelque tentative contre nous. C'est pourquoi ouvre l'œil.»

255. **JOYEUSE** (Louis-Anne, duc de), amiral de France.

Pièce sig. sur vélin. 1587. Gr. in-4 en travers. Cachet.

256. **JULIE BONAPARTE**, épouse de Joseph, roi d'Espagne.

L. aut. sig. à son beau-frère. Florence, novembre 1842. 3 p. in-4. Jolie lettre.

257. **KELLERMANN** (Christophe), duc de Valmy, maréchal de France.

L. aut. sig. à Hérault-Séchelles. A l'Abbaye, 6 ventôse an II. 1 p. 3/4 in-4.

Il pensait que son arrestation n'était qu'une mesure générale et momentanée. Il a été interrogé par l'accusateur public du tribunal révolutionnaire; mais son interrogatoire n'a porté que sur de puériles faussetés. On lui fait une querelle d'allemand. Dubois-Crancé et Dumas ont rendu justice à sa conduite, et il prie Hérault de se joindre à eux. «Ma santé est altérée par le chagrin, et le lien qui aurait dû être tout autre, après tant de fatigues et de services rendus à la République.»

258. **KERSAINT** (Guy), marin et conventionnel girondin.

L. aut. sig. Paris 1775. 1 p. 1/4 in-4. Cachet.

259. **LE MÊME.**

L. aut. sig. Paris 1785. 1 p. 1/4 in-4.

260. **KLÉBER** (J. B.), général en chef de l'armée d'Égypte.

L. aut. sig. Belfort, 17 octobre 1788. 1 p. 3/4 in-4.

261. **LACORDAIRE** (H. Dominique), célèbre prédicateur.

L. aut. sig. à l'auteur des prophètes du Passé, Paris, 10 septembre 1851. 2 p. in-4. Belle et intéressante lettre.

262. **LAFONTAINE** (Jean de), célèbre fabuliste.

Le mari confesseur, Conte tiré des cent nouvelles nouvelles. Pièce de vers aut., 2 p. in-fol., au bas de la 2e page 7 lignes de prose aut. sig. Sur le second feuillet se trouve le conte *on ne s'avise jamais de tout*, 1 p. 3/4 in-fol.

263. **LA GALISSONNIÈRE** (le marquis de), lieutenant-général des armées navales, né à Rochefort.

L. aut. sig. 2 p. in-4.

264. LAHARPE (J. F. de), critique, de l'Académie française.
1° L. aut. 4 p. pl. in-18. Jolie lettre. 2° *Philosophie*, article aut. 3/4 de p. in-8.

265. LAMARTINE (Alph. de), membre de l'Académie française.
Deux l. aut. sig. 1849. 3 p. in-8.

266. LAPÉROUSE (Galaup de), illustre et infortuné navigateur.
L. aut. sig. à bord de l'Amazone, 16 août. 4 p. in-4. Cachet.

267. LAPÉROUSE et ses compagnons d'infortune.
1° Pièce sig. de Lapérouse 1779. 1 p. in-4. 2° LANGLE (le cher de). Commandant de l'*Astrolabe*, mort pendant le voyage. L. aut. sig. Lanion 1782. 1 p. 1/2 in-4. 3° CLONARD (le cher de). Successur de *de Langle*. L. aut. sig. au duc de Castries. Nouvelle-Hollande, 25 février 1788. 2 p. in-fol. Belle pièce. Il demande la confirmation du commandement de l'*Astrolabe*, que vient de lui confier Laperouse. 4° MONTI. Officier de l'*Astrolabe*. Bon aut. sig. 1785. — Autre bon aut. sig. de *Laborde*, officier de l'*Aigrette*.

268. LAPLACE (le marquis de), célèbre géomètre, de l'Académie française.
L. aut. sig. 5 avril 1810. 1/2 p. in-4.

269. LA PORTE (Amador de), grand-prieur et vice-amiral de France.
L. sig. Brouage, 2 novembre 1633. 1 p. in-4.
Relative à une commanderie de l'ordre de Malte, que le cardinal lui a promis de ne pas comprendre au nombre des places fortes qui doivent être démolies en Auvergne.

270. LATOUCHE-TRÉVILLE, vice-amiral.
L. aut. sig. au capitaine La Batut. Boulogne, an IX. 1 p. 1/4 in-4. Vignette.

271. LAVALLETTE (Louis, cardinal de), surnommé *le cardinal Valet*.
L. aut. sig. à Jules Mazarin. Paris, 24 mars 1633. 3 p. in-fol. Cachet.

272. LAVALLETTE (Mme), née Beauharnais, célèbre par son dévouement pour son mari.
L. aut. sig. à M. Bréguet. 1817. 1 p. 1/4 in-8.

273. LAVOISIER, illustre chimiste, décapité en 1794.
L. sig. avec un post-scriptum de 6 lignes aut. Paris, 27 mars 1793. 3 p. in-4.

274. LEFRANC DE POMPIGNAN, poète, de l'Académie française.
L. aut. à Thiriot. Montauban, 12 avril 1732. 7 p. in-4. Cachet, intéressante.

275. LEGOUVÉ, auteur du *Mérite des femmes*, de l'Académie française.
L. aut. sig. s. d. 1 p. pl. in-4.

276. LEMOT, habile sculpteur lyonnais, membre de l'Institut.

Trois l. aut. sig. Paris, 19 juin et 11 novembre 1820, 11 octobre 1825. 4 p. in-fol. et 3 p. in-4.

Ces trois pièces sont relatives au concours pour l'exécution de la statue de Louis XIV à Lyon. «Je borne mon ambition à laisser dans ma patrie un ouvrage qui puisse placer mon nom à côte de ceux des Coisevox, des Coustou, des Philibert de Lorme, des Audran et autres artistes célèbres, qui ont illustré la ville de Lyon, qui les a vus naître.»

277. **LEQUINIO** (J. M.), conventionnel montagnard.

L. aut. sig. à Laignelot. Lorient, an II. 1 p. pl. in-fol.

278. **LESDIGUIÈRES** (Bonne de), connétable de France.

L. sig. avec la souscription aut. au prince Thomas de Savoie. Grenoble, 14 juin 1622. 1 p. pl. in-fol. Cachet.

279. **LETHIÈRE**, peintre d'histoire, l'un des restaurateurs de la peinture en France.

L. aut. sig. 1828. 1 p. in-8.

Demande de renseignements pour une notice sur le général Miollis, que se propose de faire M. Villenave.

280. **LEVAILLANT** (F^ois), voyageur et naturaliste.

L. aut. sig. L. avec paragraphe. 2 p. 1/2 in-4.

Très-curieuse lettre dirigée en partie contre le sénateur Perignon.

281. **LÉVIS** (Gaston, duc de), moraliste, de l'Académie française.

L. aut. sig. 1 p. petit in-4.

282. **LIGNE** (le prince de), feldmaréchal, auteur de *Mémoires*.

L. aut. sig. au c^te de Markoff. Vienne 1803. 1 p. in-4 avec adresse.

Il espère que le premier consul fera lever le séquestre apposé sur ses biens.

283. **LINGARD** (John), historien anglais.

L. aut. sig. en latin. 1839. 1 p. 1/2 in-8.

284. **LITTÉRATEURS.** Seize lettres aut. sig.

CUSTINE, DESNOIRETERRES, LEFEBVRE (Armand), WEY (Francisque), etc.

285. **LLORENTE**, historien de l'inquisition d'Espagne.

L. aut. sig. Paris 1817. 2 p. 3/4 in-4.

Envoi du prospectus de son *Histoire critique de l'inquisition d'Espagne* avec des notes omises dans ledit prospectus. Belle lettre.

286. **LOTERIE NATIONALE** des gens de lettres et des artistes dramatiques.

L. au général Gemeau à Lyon. Paris, 16 avril 1850. Revêtue d'environ 50 signatures des membres de la commission de surveillance, entr'autres de *Auber*, *Spontini*, *Watelet*, *Picot*, *Adam*, *Achille Comte*, etc. 1 p. in-fol.

287. **LOUIS XII**, roi de France.

Pièce sig. sur vélin. 10 décembre 1513. In-fol. en travers.

288. **LOUIS XV**, roi de France.

L. aut. sig. au chancelier. Versailles, 23 avril 1764. 3/4 de p. in-4. Cachet.

289. **LOUIS XVI**, roi des Français, décapité en 1793.

1° Supplique du c^te de Vergennes au bas de laquelle ces mots aut. *Cent mille francs une fois payes et deux cent mille francs de traitement.* 1/2 p. in-4. 2° Note aut. des traitements des employés de sa maison. 1 p. in-fol.

290. **LOUIS XVIII**, roi de France.

Trois brevets sig. sur vélin. 1818. Sig. au dos par le duc
d'Angoulême.

291. LOUIS-PHILIPPE, roi des Français.
 1° L. close sig. 1 p. in-4. 2° Notes aut. sur la maison de
Bourbon. 2 p. in-4.

292. LUCE DE LANCIVAL, poëte dramatique, de l'Académie française.
 L. aut. sig. à M. Lemazurier. Paris 1806. 1 p. in-4.

293. LUCKNER, maréchal de France, décapité en 1793.
 L. sig. à Cambacérès. Grenoble 1791. 3/4 de p. in-4 au
bas de laquelle se trouve une consultation aut. de Cambacérès de 13 grandes lignes.

294. MAGON (Charles), contre-amiral, tué à Trafalgar.
 L. aut. sig. An V. 3 p. in-4.
 Il donne les détails des campagnes auxquelles il a pris part.

295. MAILLÉ BREZE (Armand de), amiral de France.
 L. aut. sig. à la mᵐᵉ de Boisdauphin. Tours, 28 août 1633.
1 p. in-fol. Cachet.
 Réponse à une lettre de condoléance sur la mort de la mère de l'a-
miral.

296. MAISTRE (le comte Jᵇ de), diplomate, célèbre philosophe
catholique.
 Minute aut. de deux lettres secrètes écrites au roi de Sar-
daigne, dont il était le représentant en Russie (Saint-Péters
bourg, 8 et 10 août 1807). 1 p. 1/2 in-4. Pièce authentiquée
par une note du cᵗᵉ Rodolphe de Maistre fils.
 L'empereur Alexandre lui fait des politesses, mais refuse de lui ac-
co-der une audience. «L'empereur paraît réellement croire que Buona-
parte l'aime beaucoup. Passons sur l'erreur ; comment serait-elle pos-
sible si le Corse l'avait humilié au point de lui faire signer la perte
absolue de ses alliés, c'est-à-dire son déshonneur?»

297 MALET, général, condamné à mort comme conspira-
teur.
 L. aut. sig. Dole 1788. 2 p. in-4.

298. MALHERBE (Fᵉⁱˢ de), célèbre poëte.
 Quittance sig. sur vélin. 1621. In-4 en travers.

299. MALLET DU PAN, fameux pamphlétaire.
 L. aut. sig. à Panckouke. 1784. 1 p. in-8.

300. MANCINI NIVERNOIS, poëte et fabuliste, de l'Académie française.
 L. aut. sig. à l'abbé Donnadieu. Rome 1751. 2 p. pl. in-4.

301. MARCIN (Ferdinand de), maréchal de France.
 L. aut. sig. à Son Altesse... Naples, 3 mai 1702. 6 p. in-4.
 Détails sur le départ du roi d'Espagne pour l'armée d'Italie. «J'espère
que le roy voudra bien m'accorder la grâce de m'employer dans ses
troupes, comme je l'en ay supplié, fesaut beaucoup plus de cas de cet
honneur que de ceux de l'ambassade, qui ne sont guères de mon
goust.»

302. MARÉCHAUX DE FRANCE. Trois lettres sig.
 Bourdillon. 1557. 3/4 de p. in-fol. — Brissac 1560. 3/4
de p. in-fol. — Vieilleville. 1557. 1 p. in-fol.

303. MARÉCHAUX DE FRANCE. Quatre lettres aut. sig.
 Estampes (Jacques d'). 1637. 1 p. pl. in-4. Tachée. —
La Feuillade (le duc de). 1 p. 1/2 in-4. Tachée d'eau. —

MONTESQUIOU, 1712. 2 p. in-4. — TESSÉ, 1 p. in-fol. Tachée d'eau.

304. MARÉCHAUX DE FRANCE. Quatre lettres aut. sig.
GRAMMONT (Ant. de), 1/2 p. in-4. — MAILLEBOIS, 1 p. in-4. — MONLUC, 1 p. in-4. — ROQUELAURE, 1715. 1 p. pl. in-4.

305. MARÉCHAUX DE FRANCE. Quatre lettres aut. sig.
CHATEAURENAULT, 1712. 3/4 de p. in-4. — MAILLEBOIS, 1720. 2 p. in-4. — TALLARD, 1703. 2 p. in-4. — THOMOND (Clare, cte de), 1750. 2 p. in-4.

306. MARÉCHAUX DE FRANCE. Onze lettres sig.
EFFIAT, MONTREVEL, TESSÉ, VILLARS, VILLEROY, etc.

307. MARÉCHAUX DE FRANCE. Huit pièces signées sur vélin.
BIRON (Armand Gontaut de), 1570. — CARACCIOLO (Jean, prince de Melphe, 1547. Cachet — COSSÉ-BRISSAC (Ch.), 1550, 1601. — GASSION, 1646. — JOYEUSE (Guil. de), 1583. Cachet. — LHOPITAL. Avec 3 lignes aut. — MONTMORENCY (Fçs de), 1569.

308. MARÉCHAUX DE FRANCE. Quatorze lettres sig.
ASFELD avec 3 lignes aut. — BESONS, HARCOURT, JOYEUSE, LOWENDAL, MAILLEBOIS, VILLARS, etc.

309. MARÉCHAUX DE FRANCE. Seize pièces sig.
BIRON, le décapité, CRÉQUY, LA FERTÉ, LA MEILLERAIE, MATIGNON, MONTMORENCY (Henri de), THÉMINES, etc.

310. MARÉCHAUX DE FRANCE. Cinq lettres aut. sig.
BROGLIE, 1749. 3 p. in-4. — BELLE-ISLE (Fouquet de), 2 p. in-4. — MONTMORENCY-LUXEMBOURG, 2 p. in-4. — NOAILLES, 1705. 2 p. in-4. — SENETTERRE, 1701. 3 p. in-4.

311. MARÉCHAUX DE FRANCE. Sept lettres aut. sig.
BROGLIE, 1784. 1 p. 1/2 in-4. — COIGNY, 2 p. in-4. — CASTRIES, 1 p. in-4. — MAILLY, 1766. 3/4 de p. in-4. — MOUCHY, 1 p. in-4. — SÉGUR, 1 p. in-4. — SOUBISE, 2 p. in-8.

312. MARÉCHAUX DE FRANCE. Quatre lettres aut. sig.
PÉRIGNON, 1 p. in-4. — SERURIER, 1 p. 1/2 in-4. — SOULT, 1 p. in-fol. — VAILLANT, 2 p. 3/4 in-4.

313. MARÉCHAUX DE FRANCE. Cinq lettres aut. sig.
BERTRAND, 1 p. in-fol. — BESSIÈRES, à Lucien Bonaparte, 1 p. 1/2 in-fol. — BRUNE, 3/4 de p. in-4. — DUROC, 1 p. in-4. — JOURDAN, 2 p. in-4.

314. MARÉCHAUX DE FRANCE. Neuf lettres aut. sig.
BEURNONVILLE, 1 p. in-fol. — DUROC, 1 p. in-fol. — GROUCHY, 1 p. in-4. — CANROBERT, 3 p. in-8. — MACDONALD, 1 p. in-4. — MAISON, 1 p. in-4. — MAGNAN, 3/4 de p. in-4. — MOLITOR, 1 p. in-fol. — VAILLANT, 3/4 de p. in-8.

315. MARÉCHAUX DE FRANCE. Dix lettres aut. sig.
BEURNONVILLE, 2 p. in-8. — BERTHIER, L. aut. sig. le Mal B, 1 p. in-4. — CLARKE, 1/2 p. in-4. — CLAUSEL, 3/4 de p. in-8. — DAVOUST, 1 p. in-4. — GÉRARD, 3/4 de p. in-8. — JOURDAN, 1 p. in-4. — LAURISTON, 1 p. in-4. — MAGNAN, 3/4 de p. in-8. — VAILLANT, 1 p. in-4.

316. MARÉCHAUX DE FRANCE. Douze lettres signées.

CASTELLANE, HOHENLOHE, KELLERMANN, LANNES, LOBAU, MASSÉNA, REILLE, etc.

317. **MARÉCHAUX DE FRANCE.** Douze lettres aut. sig.
BEURNONVILLE. 3 p. in-4. — BERTHIER. 1/4 de p. in-fol. — CANROBERT. 1 p. in-8 — MAGNAN. 3/4 de p. in-4. — MARMONT. 1 p. 1/2 in-4. — MONCEY. 1 p. in-4. — MORTIER. 1 p. 1/2 in-4. — SEBASTIANI. 3/4 de p. in-8. — SUCHET. 1 p. in-4. — VICTOR. 1 p. in-4. — VAILLANT. 1 p. in-8. — VIOMÉNIL. 1 p. in-fol.

318. **MARÉCHAUX DE FRANCE.** Vingt-trois lettres sig.
AUGEREAU, BERNADOTTE, DAVOUST, KELLERMANN, MORTIER, NEY, OUDINOT, SERURIER, VICTOR, etc.

319. **MARGUERITE**, archiduchesse d'Autriche, gouvernante des Pays-Bas.
L. sig. à Jean Delacroix. Malines, 21 mars 1504. In-fol. en travers.

320. **MARIE-ANTOINETTE**, reine des Français, décapitée en 1793.
Pièce sig. et contresignée. *Augeard* 1783. 1 p. in-fol.

321. **MARIGNY** (POISSON DE), directeur des bâtiments du roi, frère de Mme de Pompadour.
L. aut. sig. Paris 1777. 1 p. pl. in-4.
Envoi de l'œuvre de Mme de Pompadour, composée de 63 planches. «C'est le seul qui soit ainsi complette; Il y a en outre 3 estampes qu'elle a gravées d'après Boucher, et 3 autres gravées d'après des tableaux en ivoire»

322. **MARMONTEL**, littérateur, de l'Académie française.
L. aut. sig. 3 janvier 1769. 1 p. 3/4 in-4. Plus une lettre aut. sig. de sa femme. 1 p. 1/2 in-4.

323. **MARTINEZ DE LA ROSA**, homme d'État et littérateur.
Deux l. aut. sig. 5 p. in-8.

324. **MATHILDE** (la princesse), fille du roi Jérôme.
L. aut. sig. 2 p. in-8.

325. **MAURY** (Jean-Siffren), constituant et cardinal, de l'Académie française.
L. aut. sig. à l'archevêque prince d'Embrun. Rome 1794. 1 p. 1/2 in-4. Cachet. Très-jolie lettre.

326. **MAYNARD** (F^{ois}), poëte. Quatre vers aut.

327. **MAZARIN** (Jules de), cardinal et premier ministre.
L. sig. avec la souscription aut. Narbonne, 15 avril 1642. 1 p. 1/2 in-fol.

328. **MÉDECINS.** Trois pièces.
HELVÉTIUS père. Pièce aut. sig. 1728. 1 p. 3/4 in-4. — HOFFMANN (G. Isaac). Reçu aut. sig. d'une médaille d'or, a lui délivrée par l'Académie de Lyon 1786. 1 p. in-4. Cachet. — MARÉCHAL, 1er chirurgien du roi, certificat aut. sig. 3/4 de p. in-4.

329. **MÉDECINS.** Six lettres aut. sig.
BOYER. 1821. 1 p. in-4. — BRESCHET. 2 p. 1/2 in-4. — BROUSSAIS. 1 p. in-8. — CONNEAU. 1 p. in-8. — DESGENETTES. Au Caire, an VII. 1 p. in-fol. Tête imprimée. — DUBOIS (Ant.). 1820. 1 p. in-4.

330. **MÉDECINS.** Vingt-cinq lettres aut. sig.
> Lelut, 2 lettres. — Le Mort, Trousseau, Dupeytren, Velpeau, Orfila, Pariset, Rostan, etc.

331. **MÉHUL**, célèbre compositeur de musique, de l'Institut.
> L. aut. sig. à Mme Branchu, s. d. 2 p. pl. in-4. Très-jolie lettre.

332. **MENDELSSOHN** (Félix), compositeur de musique.
> L. aut. sig. Berlin 1844. 1/2 p. in-4. Cachet.
> Relative à la publication de son *Héro d'ore* aut d'été.

333. **METTERNICH** (le prince de), célèbre ministre autrichien.
> L. aut. sig. 1 p. in-8.

334. **MICHAUD**, historien, de l'Académie française.
> 1° L. aut. sig. 1 p. in-8. 2° Fragment aut. de l'*Histoire des Croisades*, notice complète sur Pierre-l'Hermite. 3 p. in-4. Avec ratures et corrections.

335. **MICHELET**, littérateur et historien, de l'Institut.
> Trois l. aut. sig. 6 p. in-8.

336. **MICKIEWICH** (Adam), poëte russe très-distingué.
> L. aut. sig. en russe. 1852. 1/2 p. in-8.

337. **MILANELLO** (Téresa), l'une des deux prodigieuses violonistes.
> L. aut. sig. à Mme Leprestre, sa *petite maman*. Lyon, 16 décembre 1846. 4 p. in-8.
> Elle raconte les ovations dont elle a été l'objet, avec sa sœur, au grand théâtre de Lyon, où elles ont donné vingt-deux concerts. « Les Lyonnais se sont surpassés et ont fait pour nous ce qu'ils n'ont jamais fait à aucun artiste. Nous quittons Lyon samedi, pour aller à Marseille, où l'on nous attend déjà. »

338. **MILLEVOYE** (Charles), poëte, de l'Académie française.
> L. aut. sig. Abbeville 1813. 2 p. pl. in-8.
> Jolie lettre sur la mort d'un ami.

339. **MINISTRES.** Cinq lettres aut. sig.
> Chamillard. 1 p. in-4. — D'Argenson. 1746. 2 p. 1/2 in-4. — Maurepas. 1721. 1 p. in-4. — Pontchartrain. 1677. 1 p. in-4. — Terray (l'abbé). 1768. 1 p. in-4.

340. **MINISTRES.** Six lettres aut. sig.
> D'Argenson. 1750. 3/4 de p. in-4. — Devergennes. 1762. 1 p. in-4. — Foullon. 2 p. in-4. — Miromenil. 1762. 2 p. in-4. — Machault. 1756. 3 p. in-4. — Sartine (de). 1770. 3 p. pl. in-4.

341. **MINISTRES.**
> Aiguillon (le duc d'). L. aut. et l. sig. — Malesherbes. L. aut. et l. sig. — Montbel-Necker. L. aut. et l. sig. — Périer (Casimir). L. aut. etc. 12 l. aut. aut. sig. et seulement sig.

342. **MINISTRES.** Cinq lettres aut. sig.
> Delessart. 2 p. 1/2 in-4. — Decrès. 2 p. in-fol. Intéressante. — Garat. 1813. 3/4 de p. in-8. — Narbonne 1 p. 1/2 in-4. — Pache. 1 p. in-8.

343. **MINISTRES.** Six lettres aut. sig.
> Cahier. 1/2 p. in-4 et apostille de 12 lignes aut. sig. 1 p. in-fol. — Clavière. 1792. 3/4 de p. in-4. — Fleurieu. 1 p. in-4. — Forfait. 2 p. in-4. — Lajard. 1 p. in-4.

344. **MINISTRES.** Douze lettres aut. sig.
ANGLÈS. 1 p. 1/2 in-4. — BARROT (Odilon). 1 p. in-8. — BASTIDE. 1 p. in-8. — CLARKE. 3/4 de p. in-fol. — CRÉMIEUX. 1 p. 1/2 in-8. — DROUYN DE LHUYS. 3/4 de p. in-8. — FOULD. 1 p. in-8. — FAUCHER. 3 p. in-8. — MALOUET. 1 p. in-4. — PERSIL. 3/4 de p. in-8. — SALVANDY. 2 lettres 3 p. in-4.

345. **MINISTRES.** Vingt-deux lettres aut. sig.
BIGNON, BILLAUT, CHAMPAGNY, DUFAURE, DARU, DUPONT (de l'Eure), FRANÇOIS DE NEUFCHATEAU, HYDE DE NEUVILLE, MOLIEN, PEYRONNET, ROCHER, REGNAUD de Saint-Jean d'Angely, ROY, VILLÈLE, etc.

346. **MINISTRES.** Trente-trois lettres aut. sig.
BIXIO, CROUSEILHES, CAPELLE, DUMAS, DUBOUCHAGE, FRANÇOIS DE NEUFCHATEAU, GAUDIN DUC DE GAETE, LACUÉE, MOLIEN, PASQUIER, etc.

347. **MINISTRES.** Sous différents rois. —
Deux cent quarante lettres sig.

348. **MIRABEAU** (le marquis de), dit l'*Ami des hommes.*
L. aut. sig. Paris 1768. 2 p. in-4.

349. **MIRABEAU** (le comte de), célèbre député à l'Assemblée constituante.
L. aut. sig. à M. Boucher (du donjon de Vincennes). 29 mars 1780. 1 p. in-8.

350. **LE MÊME.**
L. aut. sig. M. avec paraphe. Paris, 11 octobre 1783. 2 p. pl. in-4. Jolie lettre.

351. **LE MÊME.**
L. sig. à M. Pellenc. Paris 1783. 2 p. 1/2 in-4. Intéressante.
MIRABEAU (le bailli de), chevalier de Malte, oncle du précédent.
L. aut. sig. Marseille 1780. 2 p. in-4.

352. **MOLÉ** (Fr. René), célèbre acteur, membre de l'Institut.
L. aut. sig. à ses camarades. 2 p. in-8.

353. **MONTAUSIER** (Ch. de Sainte-Maure, duc de), gouverneur de la Saintonge.
L. sig. à M. de Pomponne. Paris 1663. 2 p. in-4. Cachets et soies.

354. **MONTAZET**, archevêque de Lyon, membre de l'Académie française.
L. aut. sig. Paris, 1er décembre 1769. 2 p. 1/4 in-4.
Relative aux difficultés qu'on lui fait pour la réimpression de l'ancien missel de son diocèse.

355. **MONTEREUL** (Jean de), négociateur, de l'Académie française.
L. aut. sig. 12 juillet 1628. 1 p. in-fol. *Rare.*

356. **MONTESQUIOU** (l'abbé de), ministre, de l'Académie française.
L. aut. sig. Paris 1821. 1 p. pl. in-4.

357. **MONTGOLFIER** (Joseph), l'inventeur des aérostats.
L. aut. sig. Annonay, 4 novembre 1784. 3 p. in-4. Une dé-

chirure dans l'angle inférieur du 2ᵉ feuillet, mais n'atteignant pas le texte.

Il demande une indemnité pour avoir construit le premier dans sa papeterie des cylindres hollandais, cylindres qui sont maintenant en usage dans la manufacture de Vienne.

358. **MONTI** (Vincent), poëte italien.

L. aut. sig. en italien. Milan 1813. 1 p. in-4.

359. **MONTMORENCY** (Anne de), connétable de France.

L. aut. sig. à M. de Montessuy. s. d. 1 p. pl. in-fol.

360. **LE MÊME.**

L. sig. avec la souscription aut. 24 février 1548. 1 p. pl. in-fol.

361. **MORARD DE GALLES**, vice-amiral.

L. aut. sig. aux représentants du peuple près les côtes de Brest. Brest, 23 vendémiaire an II. 1 p. in-fol.

362. **MOREAU** (V.), général en chef.

L. aut. sig. au général Reynier, 11 nivôse. 2 p. in-4. Cachet.

363. **MONVEL** (J. M. Boutet de), célèbre acteur et auteur dramatique, membre de l'Institut.

Cession aut. sig. de sa pièce *l'erreur du moment.* Paris 21 juin 1773. 3/4 de p. in-4.

364. **MOTTE HOUDANCOURT** (Philippe de la), maréchal de France, vice-roi de Catalogne.

L. aut. sig. à son excell... Momblant, 2 mars 1642. 1 p. in-fol. Cachet. Belle pièce militaire.

365. **MULLER** (Jean de), célèbre historien suisse.

L. aut. sig. à Thiébaut de Berneaud. Berlin, 4 juin 1807. 3 p. in-4. Belle lettre.

366. **MURAT** (Joachim), roi de Naples.

L. aut. sig. au cardinal Fesch, terminée par 5 lignes aut.

367. **MURATORI** (L. Ant.), historien et savant italien.

L. aut. sig. en italien. Modène 1736. 2 p. in-4.

368. **MUSICIENS** et écrivains sur la musique. Huit lettres aut. sig.

Tulou, Escudier, Fiorentino, etc.

369. **NAPOLÉON Iᵉʳ**, empereur des Français.

L. sig. N. terminée par 11 mots aut. (armée d'Espagne). 3/4 de p. in-4.

370. **LE MÊME.**

Fragment aut. de 19 petites lignes. 1 p. in-8. Format d'agenda.

371. **LE MÊME.**

Dictée faite à Sainte-Hélène à son valet de chambre Saint-Denis, avec corrections et 4 lignes aut. 1 p. in-8.

372. **NAPOLÉON** (Jérôme), roi de Westphalie.

L. aut. sig. à son frère Louis. 1 p. in-8.

373. **NAPOLÉON** (famille de). Cinq lettres.

Joseph, roi d'Espagne. L. aut. sig. Montebello, an V. 1 p. in-4. Tachée. — Louis, roi de Hollande. L. sig. an XIII. 1 p. in-4. — Lucien, ministre. L. sig. 1 p. in-4. — Caro-

LINE, reine de Naples. L. sig. 1 p. in-4. — PAULINE (Borghèse).
L. sig. avec 2 lignes aut. 1 p. in-4.

374. **NATURALISTES.** Douze lettres aut. sig.
AMOREUX, DUMÉRIL, 2 lettres. — GEOFFROY SAINT-HI-
LAIRE père et fils. — LACÉPÈDE (le c^te de). 1/2 p. in-4. —
LATREILLE. 2 p. in-4. — MILNE-EDWARDS. 3/4 de p. in-8.
— ROZIER (l'abbé). 1 1/2 p. in-4. — TESSIER. 2 p. in-4, etc.

375. **NAVAILLES** (le duc de), maréchal de France.
L. aut. sig. à M. le prince... Corbeil 1649. 2 p. in-4.

376. **NEMOURS** (Pierre de Rohan, duc de), maréchal de
France.
Pièce sig. sur vélin. 1er mai 1504. In-fol. en travers.

377. **NEMOURS** (Louis d'Orléans, duc de), fils de Louis-Philippe, lieutenant-général.
L. aut. sig. au vicomte... les Tuileries, 19 juillet 1843. 2
p. pl. in-8.

378. **NOAILLES** (Antoine de), amiral de France et négociateur, né d'une ancienne famille du Limousin.
Quittance aut. sig. 1539. 3/4 de p. in-fol. *Rare.*

379. **O'FARILL** (Gonzalo), célèbre général espagnol, ministre
de la guerre sous le roi Joseph.
L. aut. sig. en français, au vice-amiral Martin. Paris, 3
brumaire an II. 1 p. 1/2 in-fol. Belle pièce.

380. **ORIENTALISTES.** Neuf lettres aut. sig.
BURNOUF (E.), DESGRANGES, KLAPROTH, REINAUD, RÉMU-
SAT, SILVESTRE DE SACY, etc.

381. **ORLÉANS** (Louise-Élisabeth d'), fille du régent, ab-
besse de Chelles.
L. aut. sig. à M. Hérault. 1727. 1 p. in-4. Cachet.

382. **ORLÉANS** (famille d'). Trois pièces sig.
ORLÉANS (Ph. d'), régent, pièce sig. 1717. 1 p. in-4. —
ORLÉANS (Louis), fils du précédent. 1727. 1 p. in-fol. — OR-
LÉANS, Égalité (L. P^h J^h d'), quittance sig. sur vélin. 1782.
In-4 oblong.

383. **PAISIELLO**, célèbre compositeur de musique
L. aut. sig. à M. Grégoire. Naples 1811. 3 p. pl. in-4.
Cachet.
Belle et intéressante lettre en italien.

384. **PAJOU**, habile sculpteur.
L. aut. sig. Paris 1771. 2 p. in-fol.
Relative à ses travaux à la salle de spectacle du château de Versailles.

385. **PARSEVAL GRANDMAISON**, poëte, de l'Académie
française.
L. aut. sig. à M. de Salgues. 1 p. 3/4 in-4.
Jolie lettre de remerciments du compte rendu qu'il a fait sur son
poëme *les Amours épiques.*

386. **PAUL** (*de Saumur*, connu sous le nom de *Chevalier*),
brave et habile marin, vice-amiral.
L. aut. sig. Toulon, 21 janvier 1647. 1 p. in-4.
Pièce curieuse par la singularité de son orthographe.

387. **PEIGNOT** (Gabriel), fécond philologue.
L. aut. sig. à Amanton. Dijon, 28 décembre 1833. 5 p.
petit in-4.

388. **PEINTRES D'HISTOIRE.** Six lettres aut. sig.
Bellanger, 3/4 de p. in-8. — Delacroix (Eug.). 1 p. in-8. — Delaroche (Paul), 3/4 de p. in-8. — Guérin (Pierre), 1 p. 1/2 in-4. — Hersent, 3/4 de p. in-8. — Scheffer (Ary), 3/4 de p. in-8. Plus 1. aut. 2 p. in-12.

389. **PEINTRES.** Huit lettres aut. sig.
Biard, 1 p. in-8. — Cogniet (Léon), 3/4 de p. in-8. — Dagnan, 1 p. in-8. — Granet, 1 p. in-4. — Gudin, 1 p. in-8. — Isabey père, 1 p. in-8. — Isabey fils, 1 p. in-8. — Johannot (Tony). 1 p. in-8.

390. **PEINTRES.** Quinze lettres aut. sig.
Lepaulle, Petitot, Picot, Signol, Ziegler, etc.

391. **PEINTRES LYONNAIS.** Huit lettres aut. sig.
Flandrin (Hippolyte), Marillat, Orsel, Revoil, Saint-Jean, etc.

392. **PÉLISSIER**, maréchal de France, duc de Malakoff.
L. aut. sig. au maréchal... Alger, 9 septembre 1853. 1 p. 3/4 in-4. Belle lettre.

393. **PERCIER** (Charles), célèbre architecte, membre de l'Institut.
L. aut. sig. au préfet du Rhône. Paris 1821. 1 p. in-4.

394. **PERSONNAGES POLITIQUES** de 1848. Quatre lettres aut. sig.
Blanc (L.), 1851. 1 p. in-8. — Ledru-Rollin, 1 p. in-8. — Proudhon, 1854. 3/4 de p. in-8. — Thouret (Antony). 3 p. in-8.

395. **PÉTION** (Jérôme), maire de Paris et conventionnel girondin.
L. aut. sig. au patriote Palloy, juillet 1792. 3/4 de p. in-4.
Il lui demande pour les huissiers du Conseil général des médailles semblables à celles dont il a décoré les huissiers de l'assemblée.

396. **PHILOLOGUES.** Quatre lettres aut. sig.
Chardon de la Rochette, 2 p. 1/2 in-4. — Delandine. 3 p. 1/2 in-4. — Génin. 1 p. in-8. — Peignot (Gabriel). 1 p. pl. in-4.

397. **PHILOSOPHES.** Trois lettres.
Cabanis. L. aut. sig. 1 p. 1/2 in-8. — Lamennais, L. aut. Paris 1850. 2 p. 1/4 in-8. Très-belle lettre. — Tracy (Destutt de). L. aut. sig. 7. à Ginguené 1806. 1 p. 1/4 in-12.

398. **PHILOSOPHES.** Cinq lettres aut. sig.
Jouffroy. 3 p. pl. in-4. — Laromiguière. 1 p. in-4. — Lerminier. 3. p. 1/4 in-8. — Maine de Biran, 2 p. 1/2 in-4. — Simon (Jules). 1 p. 3/4 in-8.

399. **PHILOSOPHES.** Sept lettres aut. sig.
Azaïs. 1 p. in-4. — Blanc Saint-Bonnet. 6 p. pl. in-4. Curieuse. — Jacques (A.). 1 p. in-8. — Maret (H.). 1 p. 1/2 in-4, etc.

400. **PHILOSOPHES.** Onze lettres aut. sig.
Azaïs. 1 p. in-4. — Battain. 1 p. in-8. — Blanc Saint-Bonnet. 3 p. in-4. — Damiron. 1 p. in-8. — Gérando (de). 1 p. 1/2 in-4. — Jacques (A.). 1 p. in-12. — Maret (H.) 1 p. in-8. etc.

401. **PHYSICIENS**. Six lettres aut. sig.
   DESPRETZ. 2 lettres. — LAMÉ, PECLET et POUILLET. 2 lettres.

402. **PICHEGRU**, général en chef, né à Arbois.
   L. aut. sig. à Kléber. Bois-le-Duc, an III. 1 p. 1/2 in-fol.
   Tête imprimée et vignette.
   Belle lettre. Détails militaires.

403. **PIE IX**, pape.
   Ces mots, aut. sig. *Rome, 26 october 1850. Benedictio Domini superos*, au bas d'une lettre où une dame lui demande sa bénédiction. In-4. Cachet.

404. **PINKERTON**, célèbre géographe anglais.
   L. aut. sig. en français. 1 p. 1/2 in-4.
   Il propose une nouvelle édition de sa géographie.

405. **PIRON** (Alexis), poète dramatique.
   Épître à M*** ... 1740. 4 p. in-4.

406. **POÈTES**. Cinq lettres aut. sig.
   CASTEL. 1 p. in-12. — CHENEDOLLÉ. 2 p. in-8. — DE SAINT-ANGE. 1 p. in-8. — MOLLEVAUT. 1 p. in-8. — VIGÉE. 2 p. in-8.

407. **POÈTES**, membres de l'Académie française. Sept lettres aut. sig.
   BAOUR-LORMIAN. 1/2 p. in-4. — BOUFFLERS (le chevalier de). Pièce 1/2 p. in-4. — DESCHAMPS (Émile). 4 p. in-8. — CAMPENON. 1 p. 1/2 in-4. — FONTANES. 1 p. in-fol. — LAPRADE (Victor de). 1 p. in-8. — PONGERVILLE. 3/4 de p. in-8.

408. **POLIGNAC** (Melchior de), cardinal, de l'Académie française.
   L. aut. sig. Rome, 25 septembre 1727. 3 p. pl. in-4.

409. **PONSARD** (F.), poète dramatique, de l'Académie française.
   L. aut. sig. à Victor de Laprade. 4 p. in-8.
   Très-jolie lettre. Description de son voyage en Suisse.

410. **PORTALIS**, père, célèbre jurisconsulte et ministre, de l'Académie française.
   L. aut. sig. Paris, 8 brumaire an III. 3/4 de p. in-4, au bas de laquelle se trouvent 8 lignes aut. sig. de Portalis Fils.

411. **POTIER**, l'inimitable acteur des *Variétés*.
   L. aut. sig. à M. Casaneuve. Paris 1831. 1 p. pet. in-4.
   On lui propose beaucoup de villes ; mais il a besoin de repos, et il est enchanté d'avoir évité le voyage de Londres.

412. **PRÉLATS**. Six lettres aut. sig.
   CONSALVI (c^al). 1 p. in-fol. — DAVIAU, archevêque de Bordeaux. 1 p. in-4. — FEUTRIER, évêque de Beauvais. 3 p. in-8. — LATIL (c^al). 1 p. in-4. — LECOZ, archevêque. 2 p. in-8. — PRADT (de), archevêque. 1 p. in-8.

413. **PUBLICISTES**. Vingt-cinq lettres aut. sig.
   CONSTANT (Benj.), NETTEMENT (Alf.), KÉRATRY, REYBAUD (L.), ROMIEU, VÉRON, etc.

414. **PUYSEGUR** (Jacques Fr. de Chastenet, marquis de), maréchal de France.
   L. aut. sig. à Monseigneur.... Paris, 18 février 1749. 3 p. in-fol. Très-belle pièce militaire relative à la guerre avec l'Espagne.

415. QUINAULT (Philippe), auteur dramatique, de l'Académie française.

Quittance sur vélin sig. 27 décembre 1684. in-8 en travers.

416. RACHEL (Mlle), célèbre tragédienne.

L. aut. sig. à M. Crémieux. 1 p. 1/2 in-8. Papier à bordures de dentelles ; un morceau a été enlevé.

417. RACINE (Jean), célèbre poète tragique, de l'Académie française.

Pour Mme la marquise de Maintenon. Cantique traduit aut. sig. 1 p. 3/4 in-4. Légèrement taché dans le bas de la page.

418. ROEDERER, célèbre constituant, procureur, syndic du département de Paris, littérateur.

L. aut. sig. à Monseigneur.... Metz 1789. 7 p. 1/2 in-4.

Curieuse pièce, écrite au nom du *Comité patriotique*, qui demande de recevoir le serment des officiers des gardes nationales, les officiers municipaux, reste impur de la livrée du duc de Broglie, étant indignes de présider à une telle cérémonie.

419. RANKE (Léopold), célèbre historien allemand.

L. aut. sig. en allemand. Berlin 1825. 3 p. 1/2 in-8.

420. RAOUSSET DE BOULBON, célèbre aventurier, fusillé au Mexique à la suite d'une tentative audacieuse.

L. aut. sig. San Blas et San Francisco. 5 août 1850, 1er novembre 1851. 16 p. pl. in-8, dont 11 écrites au crayon.

Très-curieuse pièce, dans laquelle il expose ses projets, raconte ses aventures, et manifeste le plus souverain mépris, soit pour les Américains, soit pour les Français qui sont venus chercher fortune en Californie. « Je me dois cette justice que je porte légèrement mon manteau de Diogène ; cependant, il y a des heures, je l'avoue, où Paris me revient en mémoire, de telle sorte que j'en vois pâlir les séductions de la Californie. O boulevard, ô petits soupers ! ô spirituels et joyeux compagnons ! où êtes-vous !»

421. RAUCOURT (Saucerotte), célèbre actrice.

L. aut. sig. à M. Lafont. Lachapelle, an XIII. 1 p. in-8.

422. RAVIGNAN (le père), célèbre prédicateur.

Composition latine aut. sig. en tête. 1 p. in-fol.

423. RÉCAMIER (Mme), femme célèbre par son esprit et sa beauté.

1° L. sig. 16 octobre 1857. 2 p. 1/2 in-8. 2° Fragment aut. 8 p. in-4.

424. RENAUDIN, contre-amiral, qui commandait le vaisseau *le Vengeur.*

1° L. aut. sig. au citoyen Paul, enseigne de vaisseau. 1 p. in-4. 2° Dessin représentant le combat entre *le Dorade* commandée par Renaudin, et un corsaire anglais, dont il s'empara.

425. REPRÉSENTANTS DU PEUPLE en mission. Huit lettres ou arrêtés aut. sig.

BLUTEL. Rochefort, an III. 1 p. pl. in-fol. — Bo. Nantes, an II. 1 p. 1/2. in-4. — FREMANGER. Caen, an II. 1 p. 1/2 in-fol. Cachet. — DUPORT. Rouen, an VIII. 1 p. in-4. — GRIMBERTEAU, Rouen, an II. 1 p. in-fol. — JEAN BON SAINT-ANDRÉ. Port La Montagne, an II. 3/4 de p. in-fol. — LAPORTE. Commune affranchie, an II. 1 p. in-4. — SALICETI, au quartier-général d'Ollioules, an II. 1/2 p. in-4. Cachet.

Toutes ces pièces ont des entêtes imprimées. Réunion intéressante.

426. **REPRÉSENTANTS DU PEUPLE** en mission aux armées.
> Lettres et arrêtés sig. de l'an II et de l'an III. 13 pièces in-fol.

427. **REPRÉSENTANTS DU PEUPLE** en mission dans les départements.
> Lettres et arrêtés sig. de l'an II et de l'an III. 13 pièces in-fol.

428. **RÉTIF DE LA BRETONNE**, romancier fécond et bizarre.
> Fragment aut. d'un de ses romans. 2 p. in-4.

429. **REVEILLÈRE LEPEAUX**, membre de la Convention et du Directoire.
> L. aut. sig. à la Rousselière, 5 septembre 1806. 2 p. pl. in-8. Très-jolie lettre.

430. **RICHELIEU** (Armand-Jean-Duplessis, cardinal de), premier ministre de Louis XIII.
> Pièce sig. Rueil, 14 mars 1639. 1 p. in-fol. Cachet.

431. **RICHELIEU** (le duc de), maréchal de France, de l'Académie française.
> L. aut. sig. Paris, 1784. 1 p. 1/2 in-4.

432. **RISTORI** (Mme Adélaïde), tragédienne célèbre.
> L. aut. sig. à Mme .... Toulouse 1855. 1 p. 1/2 in-8. Jolie lettre.

433. **ROBESPIERRE** (Maximilien), célèbre membre de la Convention, décapité en l'an III.
> Ampliation sig. d'un arrêté du comité de salut public, an II. 1 p. 1/2 in-fol. Aussi sig. par *Barère* et *R. Lindet*.

434. **LE MÊME.**
> Ampliation d'un arrêté du comité de salut public du 10 messidor an II (on a voulu mettre thermidor), portant que *Robespierre, Couthon* et *Goubeau*, seront transférés sur-le-champ à la Conciergerie. Sig. *Barère* et *Billaud-Varenne*. 1 p. in-fol. Vignette et tête imprimées.

435. **ROBESPIERRE** jeune, conventionnel, décapité avec son frère, le 10 thermidor.
> L. aut. sig. et aussi sig. par Ricord à leurs collègues à Grenoble. Nice, 11 octobre an II. 2 p. pl. in-fol. Ils demandent des approvisionnements en tous genres pour l'armée d'Italie, et font le récit d'une atrocité commise par les Anglais sur l'équipage de la frégate la *Modeste*.

436. **ROIS DE FRANCE.**
> Louis XIII, Louis XIV et Louis XVIII. 3 pièces sig. sur papier.

437. **ROIS DE FRANCE.** Dix pièces signées.
> Charles IX. Pièce sig. sur vélin. 1568. — Louis XIV, 4 pièces sig. sur vélin. — Louis XV. 2 pièces sig. par le secrétaire de la main. — Louis XVI. 3 pièces également sig. par le secrétaire de la main et contresignées.

438. **ROLAND** (J. M.), ministre de l'intérieur.
> L. aut. sig. Lyon 1786. 3 p. pl. in-4.

439. **LE MÊME.**

L. aut. sig. au comité des finances. Paris, 9 mars 1791. 4 p. pl. in-4. Belle lettre.

440. ROLAND (Mme), femme du précédent, auteur de *Mémoires*, décapitée en 1793.
L. aut. sig. par son mari. 1er mars 1789. 4 p. in-4.

441. ROMANCIERS. Trois lettres aut. sig.
COOPER (Fénimore). Petite l. aut. sig. — DUCRAY DUMINIL. 1/2 p. in-4. — PIGAULT LEBRUN, 1 p. 1/2 in-8.

442. ROMANCIERS. Cinq lettres aut. sig.
MASSON (Michel). 1 p. in-8. — PERRIN (Max.). 2 p. in-8. — SAINTINE. 1 p. in-8. — SOULIÉ (Fréd.). 1/2 p. in-8. — SUE (E.). 1/2 p. in-8.

443. ROMANCIERS. Six lettres aut. sig.
ARLINCOURT. 3/4 de p. in-4. — BONNELLIER (Hip.). 3/4 de p. in-4. — GOZLAN. 2 p. in-8. — LACROIX (Paul). 1 p. 1/2 in-8. — DE COURCHAMP et DUMAS (Al.).

444. ROMANCIERS. Onze lettres aut. sig.
ARLINCOURT, BRIZEUX, DUMAS (Alex.), GOZLAN, LACROIX (Paul), LA MOTTE LANGON, LA LANDELLE, LATOUCHE (H.), LUCAS (Hip.), RABOU et ROGER DE BEAUVOIR.

445. ROSILY MESROS, vice-amiral.
L. aut. sig. au maréchal.... 1817. 2 p. in-fol.
Il se plaint de n'avoir pas encore reçu le titre de commandeur de Saint-Louis.

446. ROUGET DE LISLE, poëte, auteur de la *Marseillaise*.
Les oies. Fable imitée du russe. Pièce aut. 2 p. in-4.

447. ROUSSEAU (J. B.), poëte lyrique.
L. aut. à Voltaire. Vienne, 11 mai 1722. 4 p. in-4. La fin manque.

448. ROUSSEAU (J. J.), illustre prosateur.
L. aut. sig. à M. de Malesherbes. Motiers, 26 octobre 1762. 1 p. 3/4 in-4.

449. SAINT-LAMBERT, poëte, de l'Académie française.
L. aut. sig. à Rœderer. 3/4 de p. in-8.

450. SAINT-PIERRE (Bernardin de), auteur de *Paul et Virginie*, de l'Académie française.
L. aut. sig. au citoyen Ledanois. An VII. 4 p. pl. in-8.

451. SAINT-SIMON (Louis de Rouvroy, duc de), auteur d'intéressants *Mémoires*.
L. aut. sig. S. S. à M. le duc. de la Trappe, ce samedi, juin 1729. 3 p. in-4.
Très-curieuse. Relative au régent.

452. SALZEDO, amiral espagnol.
L. aut. sig. en français. 1 p. 1/2 in-4.

453. SAND (George), célèbre romancière et auteur dramatique.
L. aut. sig. à Paulin Limayrac. Nohant, 31 décembre 1854. 2 p. pl. in-8. Charmante lettre.

454. SAVANTS. Six lettres aut. sig.
AMPÈRE fils. 2 p. in-8. — HUMBOLDT (le baron de). 4 p. in-4. Belle lettre. — SAINTE-CROIX. 1 p. in-4, etc.

455. SAXE (Maurice de), maréchal de France.

1° L. sig. Malines, 21 juin 1747. 1 p. in-4. 2° Minutes
aut. de lettres et mémoires. 6 p. in-fol.

456. **SCHUMACHER** (Christian-André), mathématicien et
physicien danois.
Deux l. aut. sig. en français à Bréguet. 1826. 2 p. in-4.

457. **SCULPTEURS** et **STATUAIRES**. Douze lettres aut.
sig.
*Dumont, Etex, Foyatier, Legendre-Hérald, Lemaire,
Morin* (Jos. Ch.). Avec la liste de ses ouvrages, etc.

458. **SEDAINE** (J⁵), auteur dramatique, de l'Académie frn-
çaise.
L. aut. sig. 1775. 2 p. 3/4 in-4.

459. **SENEÇAI** (Ant. Boudron de), poëte, né à Mâcon.
Ode aut. sur une traduction en vers des psaumes.
8 strophes. 5 p. in-8.

460. **SÉVIGNÉ** (Marie de Robertin-Chantal, marquise de), célèbre épistolaire.
L. aut. à M. Du Plessy, gouverneur de M. le c⁸ de Vins,
des Rochers. 3 p. pl. in-4. Cachet enlevé emportant 3 lettres,
raccommodée dans le fonds. L'écriture n'est pas touchée.

461. **SIEYÈS** (Em¹), membre de la Convention et du Directoire.
Pièce aut. sig. 3/4 de p. in-4.

462. **SILVIO PELLICO**, auteur de *Mes prisons*.
L. aut. sig. Turin 1852. 1 p. 3/4 in-8.
Jolie lettre, relative à *César Cantu.*

463. **SOUZA** (Mᵐᵉ de), romancière.
Deux l. aut. sig. 1816-1817. 2 p. pl. in-4.

464. **STAEL** (Mᵐᵉ la baronne de), célèbre femme auteur.
L. aut. à M. Fuercault. Stockholm, 20 octobre. 4 p. pl.
in-8.

465. **STAIR** (Jean DALRYMPLE, comte de), célèbre général et
diplomate anglais.
L. aut. sig. en français au maréchal de Berwick. Paris,
29 avril 1749. 2 p. in-4.
Il félicite Berwick de la manière brillante dont il vient d'inaugurer
ses opérations contre les Espagnols, et lui annonce l'envoi de quatre
vaisseaux anglais pour le soutenir. «Je me flatte qu'avant la fin de la
campagne vous serez parvenu au but de détromper le roi d'Espagne des
fausses idées que le cardinal Alberoni lui a données sur les troupes de
France et sur bien d'autres choses.»

466. **STANISLAS LECZINSKY**, roi de Pologne.
L. aut. sig. au comte de Brancas Cereste. 1727. 1 p. pl.
in-4.

467. **STOLTZ** (Rosine), cantatrice célèbre.
L. aut. sig. 1849. 1 p. in-8.

468. **SUFFREN** (le bailli de), célèbre amiral.
L. aut. sig. 23 juillet 1783. 2 p. in-4. Jolie lettre.

469. **SULLY** (Maximilien de Béthune, duc de), célèbre ministre
de Henri IV.
1° L. sig. aux trésoriers de la Généralité de Lyon. Paris
1691. 1 p. in-fol. Cachet. 2° Fragment aut. 2 p. pl. in-fol.

470. **TALMA** (F⁵⁰), célèbre tragédien.
L. aut. sig. à Ducis. Lille, 28 août 1817. 1 p. pl. in-4.

Il l'engage à venir à Dunkerque, où il doit donner quelques représentations.

471. THIERRY (Augustin), célèbre historien, membre de l'Institut.

1° Pièce sig. 1837. 1/2 p. in-4. 2° Fragment aut. 1 p. in-4 avec certificat.

472. THIERS (Ad.), ministre et historien.

L. aut. sig. Paris, 24 janvier 1854. 3 p. pl. in-8.
Relative à des copies de tableaux qu'il désire avoir et dont il donne la description.

473. LE MÊME.

L. aut. sig. 19 mars 1854. 2 p. 1/2 in-8.
Il demande la copie d'un groupe de jeunes filles jouant à la main chaude.

474. THOMAS, poëte et littérateur, de l'Académie française.

Épître en vers à sa sœur. Pièce aut. 3/4 de p. in-4.

475. TOIRAS (Jean de), maréchal de France, né dans les Cévennes.

L. sig. avec la souscription aut. Querasque 1631. 4 p. in-fol. Détails militaires.

476. TOULOUSE (L. Ant. de Bourbon, comte de), amiral de France.

L. aut. sig. Paris 1726. 2 p. pl. in-4. Jolie lettre.

477. TOURVILLE (Hilarion-Contentin de), célèbre marin.

1° L. aut. 1er juillet 1683. 4 p. in-4. La fin manque. Nouvelles de l'escadre devant Alger. Détails curieux. 2° Quittance sur vélin sig. 1680. In-8 en travers.

478. TROGOFF, vice-amiral qui livra Toulon aux Anglais.

Apostille aut. sig. de 5 lignes, sur une demande d'avancement de l'enseigne Michelon. Toulon, 20 juin 1792. 1 p. in-fol.

479. TROUDE, vice-amiral.

L. aut. sig. au ministre de la marine. Brest 1822. 2 p. in-fol.
Il demande une demi-bourse pour son fils, faveur à laquelle une carrière militaire de trente-trois ans et dix combats sur mer, peuvent lui donner quelque titre. Il expose ses services et fait valoir que c'est lui qui, en 1814, a ramené Louis XVIII d'Angleterre.

480. TRUGUET, amiral et ministre.

L. aut. sig. An XII. 4 p. in-fol.

481. TURENNE (le vicomte de), maréchal de France).

L. aut. sig. au procureur général. 4 p. pl. in-4. Cachets et soies, un peu jauni par le temps.

482. TURGOT (A. R. J.), ministre et économiste.

Déclaration aut. sig. Paris 1772. 1/2 p. in-4.

483. VADIER, conventionnel montagnard.

L. aut. sig. An VIII. 4 p. in-4.

484. VALINCOUR (du Trousset de), littérateur, de l'Académie française.

L. aut. sig. à l'abbé Le Dieu, à bord de l'*Amiral*. 1 p. pl. in-4.

485. VAUBAN (Sébastien Leprestre de), maréchal de France et économiste.

Quittance sig. sur vélin, 1669. In-8 en travers.

486. **VENDOME** (Louis, duc de), célèbre général des galères
de France.
L. aut. sig. au camp devant Barcelonne, 27 juillet 1697.
2 p. 1/2 in-4. Dépêche militaire.

487. **VENDOME** (Philippe de), grand-prieur de France.
L. aut. sig. Asti 1704. 2 p. in-4. Mouillée en tête.

488. **VERGIER** (Jacques), poëte, né à Lyon.
Pièce sig. Dunkerque 1708. 1 p. in-fol.

489. **VERNET** (Joseph), célèbre peintre de marines.
L. aut. sig. à M. Wille, graveur. 29 juillet 1782. 1 p. pl.
in-4. Cachet.

490. **VERNET** (Carle), célèbre peintre de chevaux.
L. aut. sig. à Mme Berger. Rome, 8 février 1838. 2 p. 1/2
in-4. Jolie lettre.

491. **VERNET** (Horace), célèbre peintre d'histoire, membre
de l'Institut.
L. aut. sig. à M. le maréchal.... 19 janvier 1854. 1 p. 1/2
in-8.

492. **VEUILLOT** (Louis), publiciste catholique.
L. aut. sig. à M. d'Hautefort. 3 octobre 1846. 3 p. in-4.
Coupure dans le bas : le texte n'est pas atteint.
Intéressante lettre, dans laquelle il engage vivement M. d'Hautefort
à placer son fils dans un collège de Jésuites, et lui fait une chaleu-
reuse apologie de l'éducation chrétienne.

493. **VICQ D'AZIR**, célèbre chimiste, de l'Académie française.
L. aut. sig. Vallognes 1798. 1 p. pl. in-4. Cachet.

494. **VIEN**, peintre d'histoire, le restaurateur de la peinture
française.
L. aut. sig. Rome 1779. 2 p. in-4.

495. **VILLARET-JOYEUSE**, vice-amiral.
L. aut. sig. au capitaine Grammon. Lorient, an V. 1 p. 1/4
in-4.
Relative à l'expédition que viennent de faire les capitaines Grammon, Querengal, Redout et le général Bouvet.

496. **VILLENEUVE** (Silvestre), vice-amiral.
L. aut. sig. au ministre, à bord du *Jemmappes*, en rade
du Port-Louis. 9 prairial an XI. 2 p. 1/2 in-fol. Belle lettre.

497. **VILLEROY** (Nicolas et Fois de Neuville, ducs de), maréchaux de France.
Deux l. aut. sig. 1675 et 1713. 3 p. in-8 et in-4.

498. **VISCONTI** (E. C.), antiquaire illustre.
L. aut. sig. Paris 1809. 2 p. in-4.
Relative aux bas-reliefs de la villa Borghèse.

499. **VOLNEY**, philosophe, de l'Académie française.
L. aut. sig. à Ginguené. Paris, an XIII. 1 p. pl. in-8.

500. **VOLTAIRE** (M. Arouet de).
L. aut. sig. *Voltaire* à M. Fabre. Ferney, 19 novembre
1772. 1 p. in-4.

501. **LE MÊME.**
L. aut. sig. V. au mal de Richelieu. 27 juillet 1756. 3 p.
in-4. Les trois quarts en vers. Belle pièce.

502. **LE MÊME.**

L. aut. sig. V. à M. Lambert, libraire Plombières, 6 juillet. 1 p. in-4. Cachet.
M. Lambert devant imprimer le 3e vol. de l'*Histoire universelle*, il le prie de ne pas le débiter sans la Préface et sans l'Épître d'édicatoire, et sans des corrections essentielles.

503. **WALTER SCOTT**, célèbre romancier anglais.
L. aut. sig. en anglais. 1816. 1 p. 1/4 in-4.

504. **WELLINGTON** (le duc de), généralissime des armées anglaises.
L. aut. sig. en français à M. Bréguet. Londres 1843. 2 p. pt. in-8.

505. Sous ce numéro, il sera vendu environ 500 pièces, en divers lots.

Portraits.

506. **FIQUET ET SAVART.** Cinq portraits, petit format.

507. **MONCORNET.** Dix-sept portraits.

508. **ODIEUVRE.** Dix-huit portraits.

509. **PORTRAITS ANCIENS** (93), gravés, de divers formats.

510. **PORTRAITS MODERNES** (112, la plupart lithographiés, de divers formats.

511. **PORTRAITS MODERNES** (206), gravés, de divers formats.